企业创新管理

纪莉莉　魏来　著

中国纺织出版社有限公司　国家一级出版社
全国百佳图书出版单位

内 容 提 要

当今世界科学技术飞速发展，更给人类带来了无数创新的机遇和挑战。在经济信息化、网络化、数字化、全球化的表经济环境里，创新成了国家经济增长的重要源泉，科学技术成为了经济发展的根本动力。我国的经济正处在一个重要转型阶段，科学的发展观、新型工业化的发展战略，要求中国的经济发展走创新的道路。

本书可作为各高校企业管理专业学生使用，也可作为相关工作者学习用书。

图书在版编目(CIP)数据

企业创新管理/纪莉莉,魏来著.--北京：中国纺织出版社有限公司,2021.8
ISBN 978-7-5180-8846-1

Ⅰ.企⋯ Ⅱ.①纪⋯ ②魏⋯ Ⅲ.①企业创新—创新管理—研究 Ⅳ.①F273.1

中国版本图书馆 CIP 数据核字(2021)第 177465 号

责任编辑：曹炳镝　　责任校对：王蕙莹　　责任印制：储志伟

中国纺织出版社有限公司出版发行
地址：北京市朝阳区百子湾东里 A407 号楼　邮政编码：100124
销售电话：010-67004422　传真：010-87155801
http://www.c-textilep.com
中国纺织出版社天猫旗舰店
官方微博 http://weibo.com/2119887771
三河市宏盛印务有限公司印刷　各地新华书店经销
2021 年 8 月第 1 版第 1 次印刷
开本：787×1092　1/16　印张：9
字数：184 千字　定价：68.00 元

凡购本书，如有缺页、倒页、脱页，由本社图书营销中心调换

前　言

创新是人类社会的永恒主题,是一个民族素质的重要体现,是一个国家永远立足于世界先进民族之林的有力保证。创新正在以前所未有的速度发展,并改变着我们的生活与生存方式。在当今竞争激烈的国际环境中,企业要成功地开展竞争,就必须创造出新的产品或服务,并采取最先进的技术和管理组织形式以及有极为先进并与之相适应的文化。可以说,谁最早进行创新、创新水平最高、谁就占有主动权;谁能使创新持续发展下去,谁就能保持永久的竞争优势;谁能比别人更快速度地进行创新,谁就能在竞争中占有主动权。创新是一种超越,既是对现实主观状况的超越,又是对客观条件的超越。因此,对一般企业来说,认识到创新的重要性并不难,难在认识创新过程的一般规律、确定企业创新的核心问题和学会运用创新为企业的生存和发展创造机会和集结能力。

要使得创新以最快的速度和最有效的方式保持下去并促进企业不断发展的最有效办法就是加强对企业创新活动的管理,以提高创新的活力和效率。加强对企业创新的管理,建立企业创新网络系统,把握企业创新网络系统运行内在规律,是今后我国企业保持持续快速发展的迫切需要;是企业创新能否持续不断发展下去,进而在激烈的国际竞争中取胜的重要条件;是决定今后企业快速持久发展的根本所在;是解决我国企业创新能力不足和难以持久的重要方法之一。

本书主要是针对知识经济时代下企业创新的重大作用,以企业内相互联系、相互影响的各项创新构成企业创新网络系统为研究对象,运用系统论并结合我国企业创新实践,对如何建立企业创新网络系统以及企业创新网络系统的各子系统的运行进行了分析,论述了企业创新网络系统运行的过程管理,对如何加强企业创新管理进行了较为深入的研究,分析了影响企业创新的主要因素和企业各项创新之间的关系,特别是对各项创新之间的关联度和影响企业创新的外部环境进行了深入的分析,提出了加强对企业创新网络系统管理,促进企业创新持续发展,从而使得企业持久发展的较为有效的办法。研究了影响企业创新发展的三大变量和对企业创新进行有效管理的最优方法。

本书稿由纪莉莉、魏来共同完成,分工如下:纪莉莉(佳木斯大学)第一、二、三、四、五、六、七章,魏来(佳木斯大学)第八、九、十、十一章。

本书在编写过程中,参阅了相关的文献资料,在此谨向作者表示衷心的感谢。由于水平有限,书中内容难免存在不妥、疏漏之处,敬请广大读者批评指正,以便进一步修订和完善。

目 录

第一章　企业创新的含义 ... 1
第一节　企业进行创新的重要意义 ... 1
第二节　企业创新理论发展新趋势 ... 3
第三节　企业创新的含义、分类及特点 ... 7
第四节　企业创新网络系统 ... 11

第二章　企业创新管理的意义 ... 16
第一节　企业创新发展趋势 ... 16
第二节　加强对企业创新管理的必要性 ... 17
第三节　什么是企业创新管理 ... 19
第四节　企业创新管理的基本内容 ... 21

第三章　企业观念创新网络系统 ... 25
第一节　企业观念创新网络系统基本内容 ... 25
第二节　企业观念创新网络系统功能 ... 26
第三节　企业观念创新网络系统运行基本目标 ... 27
第四节　企业观念创新网络系统需要进一步完善和加强的运行目标 ... 31

第四章　企业技术创新网络系统 ... 35
第一节　企业技术创新网络系统基本内容 ... 35
第二节　企业内部影响技术创新网络系统运行的主要变量 ... 38
第三节　企业技术创新网络系统运行过程及管理 ... 42
第四节　确保企业技术创新网络系统有效运行的网点 ... 45

第五章　企业管理创新网络系统 ... 48
第一节　企业管理创新网络系统主要内容 ... 48
第二节　企业管理创新网络系统构成 ... 50

第六章　企业市场创新网络系统 ... 56
第一节　企业市场创新网络系统的基本内容 ... 56
第二节　影响企业市场创新网络系统运行的外部变量 ... 58
第三节　企业市场创新网络系统的导向系统 ... 60
第四节　促进企业市场创新网络系统运行的外部输入变量 ... 62

第五节　企业市场创新网络系统的运行机制 …………………………… 65
第七章　企业产品创新网络系统 ……………………………………………… 67
　　第一节　企业产品创新网络系统的基本内容 …………………………… 67
　　第二节　企业产品创新网络系统的运行策略 …………………………… 69
　　第三节　企业产品创新网络系统的运行过程和协调机制 ……………… 71
　　第四节　企业产品创新网络系统运行的管理模式 ……………………… 75
第八章　企业制度创新网络系统 ……………………………………………… 77
　　第一节　企业制度创新网络系统的概念 ………………………………… 77
　　第二节　企业制度创新网络系统的基本内容 …………………………… 80
　　第三节　企业制度创新网络系统的功能效应 …………………………… 83
　　第四节　企业制度创新网络系统运行模式 ……………………………… 85
　　第五节　企业制度创新网络系统的实施 ………………………………… 87
第九章　企业创新网络系统运行管理 ………………………………………… 89
　　第一节　企业创新网络系统运行的主导力量 …………………………… 89
　　第二节　促进企业创新网络系统有效运行的动力源 …………………… 92
　　第三节　企业创新网络系统运行的激励机制 …………………………… 97
第十章　影响企业创新网络系统运行三大变量的控制 …………………… 102
　　第一节　组织结构 ………………………………………………………… 102
　　第二节　企业文化 ………………………………………………………… 106
　　第三节　人力资源 ………………………………………………………… 109
第十一章　企业创新管理环境系统研究 …………………………………… 113
　　第一节　建立国家创新网络系统推进企业创新发展 …………………… 113
　　第二节　建立和完善企业创新服务系统 ………………………………… 124
　　第三节　促进企业成为创新主体的政策措施系统 ……………………… 126
　　第四节　制定促进企业创新发展的政策系统 …………………………… 132
参考文献 ……………………………………………………………………… 136

第一章　企业创新的含义

第一节　企业进行创新的重要意义

当前，我们已经生活在一个充满创新的世界里，创新层出不穷，无时无刻不环绕在我们的周围，由创新产生的大量信息充实着我们的生活，可以说创新无时不在、无处不在。不仅如此，创新还正以超速度改变着我们的生活和生存方式，芬兰图尔库高等商业学院未来学研究中心主任马尔库·维莱纽斯曾发表谈话认为，在今后，以创新为基本特征的新经济将以锐不可当的势头蓬勃发展，世界将因此出现翻天覆地的变化。和凯恩斯同时代的经济学大师熊彼特，对资本主义的运作曾经做过深刻的观察。他认为，"创新"是资本主义中最重要的一个元素，而企业经营者将创新和生产手段结合，正是资本主义经济飞跃向前的主要原因。在熊彼特心中，"创新"可能是技术的新发展，如英特尔的新式处理器；或是重新安排现有的经济资源，例如麦当劳汉堡；也可能是一个流行趋势。但是不管何种创新，都为企业带来了巨大的利润。熊彼特所处的经济时代从现在看来应当算是以对物质性资源进行配置和优化为主的"旧经济时代"，最主要代表就是工业革命带来工业生产。但是，他所提出的"创新是经济增长的动力"的见解，在目前以知识为基础，以对知识资源进行优化配置为主的"新经济时代"仍然适用。网络是新经济的主力，而将网络和生产手段相结合，发展出创新的企业运作方式，正是不少企业得以创造高获利产品的重要原因。有一个数据可以佐证：根据美国联邦储备委员会的调查，美国最近8年来，经济增长的动力，有2/3来自于创新；此外，企业在创新上支出，比重也越来越高。创新带来了企业快速成长，也带来了营运成本的下降。

在当今经济迅猛发展和知识急速更新的时代，加快企业创新，对我国企业改革乃至经济发展将具有重要的战略意义。

一、创新是企业获得核心竞争优势的决定因素

随着世界经济一体化的形成，随着我国买方市场的形成，企业面临着更加激烈的市场竞争环境。企业要想在市场竞争中占有一席之地，必须从知识经济的要求出发，从市场环

境的变化出发，调整自己的发展战略，在调整过程中进行一系列大的创新。其内容包括技术、管理、制度、市场、战略等诸多方面的创新，其中技术创新是核心。可以说，在今天，在企业外部环境激烈变动的形势下，只有进行伟大的创新，企业才能实现调整的目的。也只有这样做，企业才能真正获得竞争的优势。因为创新成功了，企业不断向市场推出新产品、不断提高产品价值中的知识含量和高科技含量，不仅可以大大提高产品和服务的市场竞争力及市场占有量，还可以开拓出新的市场领域。正因为如此，国际著名大企业都纷纷确立以创新开发为主导的经营战略，不断加大对企业的创新投入，由此增强自身的创新能力。纵观国内外成功企业发展史，就是一部企业的创新史。只有持续不断推进企业创新，企业才能在竞争中取胜。

二、创新是企业求得生存和发展的灵魂

企业是一个具有一定功能的有机整体，跟生物一样有生有亡。企业无论是困难的，还是实力雄厚的，都存在潜在危机，忧患意识在向每一个经营者袭来。在外部环境并不宽松、市场竞争尤为激烈的态势下，企业要想得以生存和发展，就必须要改革、要变化，这个变化就是创新。因为社会在发展，只有创新才能赶上时代的新潮流；科技在进步，只有创新才能站到科技领域的前沿；产品在更新，只有创新才能占领市场。由此可知，变、创新才能使企业生存，并由此而得到发展。不要说产品更新更快，生命周期更短，就是企业生命周期也发生着变化。国外有的大企业生命周期只有 30 年，有的小企业生命周期只有几个月。20 世纪 80 年代的卓越企业，到了 90 年代有 1/3 风光不再，为什么？因为竞争激烈，缺乏应变能力和创新精神，因循守旧、固步自封、无所作为、停滞不前，自然就失去了生存的基础。而有了变的思想、变的精神，就会去创造新的产品、新的市场，开拓新的领域，企业也就有了生存的基础和发展的源泉。

三、创新是企业实现持续发展的重要源泉

创新在企业持续发展中处于核心地位。企业持续发展是讲企业不仅能在特定的条件下实现发展，而且能在变化的条件下发展；不仅能在短时间内实现发展，而且能在较长时间内实现持续发展。企业能否实现持续发展，关键在于能否不断调整自身行为，跟上时代的潮流。如果环境发生了变化，技术水平不断提高，而企业不思进取，不进行相应的变革与创新，则必然难以生存，更谈不上发展。世界上众多的成功企业，由小到大、由弱到强，发展成为具有长久生命力的大公司、大集团，无不是以不断创新来实现的。企业发展离不开创新，创新是为了更好地发展。企业不仅要能在顺境中实现发展，而且要善于在逆境中实现发展。为此，企业只有通过创新达到与其生存环境的协调，从而在竞争中取得胜利，并获得发展。企业只有持续不断推行新的理念、新的管理方式、新的工艺、新的产品、新的市场战略，才能不断地实现创新的经济效益，带来企业的持续不断地发展。

四、创新是企业提高经济效益的根本途径

企业作为一个经济组织，必须以实现效益最大化为自身的追求目标，必须围绕这一目

标的实现采取一系列行动，而创新正是实现这一目标的有效途径。创新的过程，是企业实现发展的过程，是企业优化自身行为的过程，是适应社会进步趋势的过程，而这一切同时也都是追求更大效益的过程。一个企业的创新是否成功，其检验标准就是看创新行为是否使企业获得了明显的收益。这种收益可能是现实的和眼前的，也可能是潜在的和长远的；也许是立即见效的行为，也许是为今后获得较高经济效益打基础的行为。但不论哪种行为，最终追求的都是要提高企业的经济效益。从现实效果来看，一个有效的创新，可以使企业在市场销售、产品成本、运行方式等方面立即见到效果；从战略性的创新行为来看，也许在一开始只表现为付出。比如，创新资金的投入，创新人才的开发，新产品的研制，企业市场形象塑造等，都不会在短时间内见到效果，但这些行为具有十分丰厚的潜在价值。一旦时机成熟，其收益将是成倍的，远远大于其投入的数额。

第二节　企业创新理论发展新趋势

一、创新理论的传统观点

根据约瑟夫·熊彼特的《经济发展理论——对于利润、资本、信贷、利息和经济周期的考察》所论述的观点，所谓"创新"，就是"建立一种新的生产函数"，也就是说，把一种从来没有过的关于生产要素和生产条件的"新组合"引入生产体系。在熊彼特看来，作为资本主义"灵魂"的"企业家"的职能就是实现"创新"，引进"新组合"。所谓"经济发展"也就是指整个资本主义社会不断地实现这种"新组合"而言的。

熊彼特所说的"创新""新组合"或"经济发展"，包括以下五种情况：①引进新产品或提供一种新的产品质量；②引用新技术，即新的生产方法；③开辟一个新市场；④采用新的原材料或控制原材料的新供应来源；⑤实现企业的新组织。按照熊彼特的看法，"创新"是一个"内在的因素"，"经济发展"也是"来自内部自身创造性的关于经济生活的一种变动"。

熊彼特认为，"资本主义在本质上是经济变动的一种形式或方法，它从来不是静止的"。他借用生物学上的术语，把那种所谓"不断地从内部革新经济结构，即不断地破坏旧的、不断地创造新的结构"的这种过程，称为"产业突变"。并说，"这种创造性的破坏过程是关于资本主义的本质性的事实，应特别予以注重"。所以在熊彼特看来，"创新""新组合""经济发展"，都是资本主义的本质特征；离开了这些，就没有资本主义。

熊彼特的"经济发展理论"，或者说他的"创新理论"，具有以下几个大的特点：

第一，熊彼特非常强调生产技术的革新和生产方法的变革在经济发展过程中的至高无上的作用，并把这种"创新"或生产要素的"新组合"看成是资本主义的最根本的特征；因而认为没有"创新"，就没有资本主义，既没有资本主义的产生，更没有资本主义的发展。

第二，在分析中，熊彼特极力强调"变动"和"发展"的观点，强调并采用了历史的方法；同时认为"创新"是一个"内在的因素"，"经济发展"也是"来自内部自身创造性"的一种变动，从而又强调了社会经济制度"内在因素"的作用。这在西方经济学的传统中，是不多见的。

第三，熊彼特还非常强调和重视"企业家"在经济发展过程中的独特作用，把"企业家"看作资本主义的"灵魂"，是"创新"、生产要素"新组合"以及"经济发展"的主要组织者和推动者。这在西方经济学的传统中也是不多见的。

当代西方的一位著名的经济学家保罗·斯威齐，早在20世纪40年代就说过："现代正统经济学家，在他们的系统理论分析中，从不试图分析资本主义的演进过程。这点可说已成定论。但有一个重要的例外，那就是熊彼特，他的《经济发展理论》是在这方面离开传统标准的一个突出代表。"特别是传统的庸俗经济学，从不涉及生产方法的变更，而他们所说的"经济发展"，主要甚至完全是指人口、资本、工资、利润、地租等在数量上的逐渐变迁。而熊彼特的"创新理论"，则在于用生产技术和生产方法的变革来解释资本主义的基本特征和经济发展过程，以图把历史的发展和理论的分析两者结合起来。

熊彼特的创新理论，已孕育了技术创新理论的初始概念。熊彼特所描述的五种创新形式，基本上限于生产方式的创新。至于社会制度的某些变革，他只把它看作创新的社会效应，并不是他所研究的创新本身。熊彼特界定了创新的概念，描述了创新的类型，给出了总体上的创新理论。但他并没有对相应的观念创新、技术创新、市场创新、管理创新等方面做出专门的分析研究，也就不可能提出深层次的分解理论和综合分析理论。但是他的创新理论为后来研究者分析单项创新奠定了基础。许多学者沿着熊彼特的思路重构经济理论，创新研究已形成两条相对独立的研究路线：一是技术创新理论研究，主要是以技术创新和市场创新为研究对象。二是制度创新理论研究，主要是以社会制度变革和组织形式为研究对象。

二、企业技术创新理论的发展

20世纪70年代中期以后，一批学者从不同角度对熊彼特所提出的技术创新理论假说进行实证分析和解释。杰出的代表有：爱德温·曼斯菲尔德（Edwin Mansfield）、莫尔顿·卡曼（Morton I. Kamien）、格里利克斯（Zvi Griliches）等，研究的重点问题有：新技术推广、技术创新与市场结构的关系、企业规模与技术创新的关系等。70年代中期以后，该领域出现了重大变化，主要代表人物有：英国苏塞克斯大学的弗里曼（C. Freeman）把创新定义为"第一次引进一个新产品或新过程中所包含的技术、设计、生产、财政、管理和市场诸步骤"。美国工业调查协会认为，创新是指实际应用新的材料、设备和工艺，或某种已经存在的事物以新的方式在实践中的有效使用。其他代表人物还有多西（G. Dosi）、厄特贝克（J. M. Utterback）等人。以上代表人物对技术创新研究的主要贡献归纳如下：一是技术创新的动力源。主要有：技术推动学说、需要推动说、政府行为启动说、企业家偏好驱动说、社会—技术—经济系统组织作用论、技术轨道推动说等。二是技术创新的阻力机制和环境因素。三是技术创新的扩散问题。

我国在技术创新理论研究方面的代表人物有：一是傅家骥等认为，技术创新是企业家抓住市场潜在的盈利机会，重新组合生产条件、要素和组织，从而建立效能更强、效率更高和生产费用更低的生产经营系统的活动过程，是推出新的产品、新的生产（工艺）方法，开辟新市场，获得新的原材料或半成品供给来源，或建立企业的新组织，它是包括科技、组织、商业和金融等一系列活动的综合过程。二是远德玉等提出，技术创新是在技术原理基本不变的情况下技术形态的转化过程，是把具有潜在的、知识形态的生产力的科技成果转换成直接的、现实的生产力的过程。三是贾蔚文认为，技术创新是从一个新产品、新工艺或新社会服务方式的设想的产生和形成开始，经过研究开发、工程化、商业化生产，成功地到达市场的一系列活动的总和，是技术与经济以及教育、文化有机结合一体化发展的综合性活动。

综合以上列举的在技术创新研究领域方面代表人物的观点，从研究的视角上看主要有以下三个方面：经济学视角、技术学视角和管理学视角。但是，事实上，技术创新不是一项单纯的活动，随着技术创新过程的进行，必然要伴随一系列经济、管理等诸多方面的创新。从以上分析可以看出，国内外学者对技术创新研究的角度是多侧面的，在创新过程研究的基础上提出了影响企业创新成败的关键因素，基本上涵盖了企业技术创新的各个层面，并且特别注重技术创新各个阶段之间的有效合作与沟通，这些理论研究对促进本文进行企业创新研究提供了较好的基础。

三、企业制度创新理论的发展

在这方面研究的代表人物主要有：D. 诺斯和他的合作伙伴兰斯·戴维斯（Lance E. Davis）、J. 希克斯（J. Hicks）、T. W. 舒尔茨（T. W. Schultz）以及中国学者林毅夫等。他们研究的主要观点可归结为以下几点：

（1）按照诺斯的理论，"制度就是人为设计的各种约束，它构建了人类的交往行为。制度是由正式约束（如规则、法律、宪法）、非正式约束（如行为规范、习俗等）以及实施它们的特点构成的。它们共同确定了社会的尤其是经济的激励结构"。因此，在讨论制度的变迁时，首先应区分规则（或组织）的变迁与习惯的变迁。对于前者的分析，主要工具是由科斯首先提出的交易成本。对于习惯变迁的分析，则深入到更微观层次，涉及行为人的思维理性和记忆问题。以上就是制度创新的分析对象和工具。

（2）制度的经济功能与作用。主要有：一是降低交易费用；二是影响要素所有者之间配置风险（如合约、分成制等）；三是提供职能组织与个人收入流的联系（如产权等）；四是用于确立公共品和服务的生产与分配框架。

（3）制度创新的原因分析。主要有：人们经济价值不断相对提高的结果；要素与产品的相对价格以及与经济增长相关联的技术变迁所引起；生产性资产的"专有性"和驱动分工等。

（4）制度创新的主体和途径。一是制度创新的决策者；二是政府机构或为制度创新决策者服务的机构或个人；三是强制性制度创新。

诺斯等人认为，制度创新与技术创新既相互支持，又相互制约：知识和技术确立了制度创新的上限，而进一步的制度创新又需要知识、技术的增长；反之，制度则确立了知识和技术进步的上限，在既定制度框架内，创新总会有被终止的时候，这时制度创新成为技术创新的制约。

而我国常修泽则认为：企业制度创新是整个企业创新体系的重要组成部分，狭义的制度创新即组织创新，重点研究企业产权制度问题；广义的制度创新则包括狭义制度创新、技术创新、市场创新和管理创新四方面内容，或者归结为广义制度创新与技术创新两大类。

四、技术创新与制度创新研究集成的情况

首先，在技术创新研究中，出现了技术和管理的整合思想。如迈尔斯（Myers）、库珀（Cooper）、罗斯威尔（Rothwell）等人着重研究了创新与市场结构、组织规模等方面的关系，探讨了相应的管理模式。20世纪70年代中期以后，迪隆（Dillon）、多西（Dosi）等人则进一步探讨了企业组织、决策行为、学习能力与营销以及内外部因素相互作用对企业技术创新的影响，在这一阶段，技术创新管理的内部要素集成思想已经逐渐明朗。在创新理论中，更高层次的集成，即技术创新与制度创新由分化走向融合的趋势是在创新进化论提出后出现的。70年代，美国学者纳尔逊（R. Nelson）和温特（S. Winter）在生物进化理论的启示下，通过对创新过程的深入研究，创立了创新进化论这一独特新颖的理论分支，推动了技术创新与制度创新的融合，即认为创新是一个系统总体的概念，它包括生产、经营、管理、组织等方面的内容。此后，许多学者在更广泛的范围内开展了技术、组织、制度、管理、文化的综合性创新研究，从而使创新研究的集成化趋势越来越明显，集成的思想和原理逐渐在技术创新实践中得到推广和应用。但是，这种融合性的研究仅是初步的，并局限于技术创新过程所涉及方面的管理研究。

五、关于企业创新管理的研究

综上所述，创新理论最早是由美籍奥地利经济学家熊彼特提出的，该理论也是熊彼特全部经济理论的核心内容。熊彼特界定了创新的概念，描述了创新的类型，给出了总体上的创新理论，但他没有对相应的技术创新、市场创新、组织创新等单项创新作专门的分解研究。随后，在熊彼特创新理论的基础上发展起来的创新理论，主要是沿着技术创新和制度创新两条主线进行的。这些创新理论的研究可归纳为：一是以技术创新理论和制度创新理论等专门研究单项创新为主的理论，如曼斯菲尔德对技术创新的定义常为后来的学者认可并采用，但他的研究对象主要侧重于产品创新；弗里曼（是技术创新方面的著名学者）对创新的研究更多地从经济角度来考察创新和把创新对象基本限定为规范化的重要创新。我国傅家骥等专家研究的技术创新理论和托尼·普鲁西特研究的管理创新理论对单项创新都做了全面的研究和系统的表述。二是以研究企业某项创新的发展过程，以及克服创新过程中种种阻碍因素的办法，以创新促进企业增长的途径，如克里斯托弗·梅耶研究提出的

创新增长理论和麦克·图什曼（Michael L. Tushmand）等的创新制胜理论。此外，还有研究影响创新因素的理论，如斯蒂芬·P. 罗宾斯在他的《管理学》一书中有初步的论述以及美国的詹姆斯·厄特贝克在《把握创新》一书中论述了技术创新发展过程及简要的管理内容。我国杨洁的《企业创新论》、王健等的《企业创新的理论与实务》以及周朝琦等的《企业创新经营战略》对企业各项主要创新在企业发展中的作用以及各项创新的具体内容，结合我国企业创新实践进行了深入的分析研究。

虽然以上研究对我们研究企业创新和企业创新管理有极大的启发和帮助，是我们进一步研究企业创新的基础，但是在社会已发展到知识经济时代，在创新发展速度、种类、规模、内容急速变化的今天，创新已经渗透到企业生产经营活动的各个方面。企业创新活动在企业生产活动中占有极为重要的地位，企业创新原有的对单项创新进行研究的理论已经难以满足企业创新发展的需要，必须把企业各项创新作为一个整体即"企业创新"进行宏观把握。而且企业中的各项创新是相互联系相互影响的，任何一项创新的推进不仅会影响企业创新整体的发展，而且会影响企业中其他创新的发展，进而影响企业创新整体的发展。作者在对国内外有关研究企业创新理论进行学习和分析、对现有的创新理论研究后，仍然似有不解渴之感，对企业创新有了以下几点粗浅的认识：一是随着知识经济时代的到来，创新已经渗透到企业生产经营活动的各个层面。二是企业中各项创新之间的作用关系越来越紧密，相互影响越来越大，具有强相关性。三是企业创新能否持续发展已经成为决定企业生存和持续发展的关键因素。四是现有企业创新的分类侧重于对生产经营型企业，分类办法较为适用于生产型企业，但是知识经济时代下各类型企业（生产、贸易、服务）的企业创新蓬勃发展。五是一方面企业创新活动渗透到企业生产经营活动的各个方面，在企业发展中占有至关重要的地位，而现有的对实物资源进行配置的管理办法不能满足对以知识为资源的创新进行管理。因此，就需要把企业创新作为一个系统整体进行深入研究，研究企业各项创新的关系和相互之间的作用和影响，建立企业创新网络系统，进而研究对企业创新网络系统的最优化管理。本文将对如何建立企业创新网络系统，进而如何对企业创新网络系统进行最优化管理进行研究。

其他方面的研究成果如徐勇等的《知识管理》、邓乃扬的《最优化方法》、傅家骥等的《技术创新》、冯之浚的《国家创新系统的理论与政策》以及有关经济控制论、动态经济系统的调节与演化等理论都对本书的研究提供了借鉴。

第三节　企业创新的含义、分类及特点

一、企业创新的含义

根据以上分析，既然要把企业作为创新主体，从企业整体观点出发把企业各项创新作

为统一的有机整体进行研究，本书首先要对"企业创新"这一概念进行定义。企业创新是指企业以提高经济效益和市场占有率，促进企业持续发展为目标，在分析研究企业外部有关因素的情况下，对企业内部相关方面进行综合和协调配套的创新。这里的相关方面，既包括对创新所涉及的各项要素如人力、物力、财力、时间、信息、知识等，也包括企业内部各项创新如技术创新、管理创新、市场创新、知识创新、组织创新等，还包括对各项创新系统的管理等。

在这里，企业创新是把企业作为一个统一整体来进行考察的，即把企业作为一个系统来对企业的创新进行研究，找出其运行规律性，从而达到对企业创新进行管理，实现企业持续不断发展的目标。因此，企业创新作为一个整体独立的概念，包括了企业中进行的各类单项创新，如技术创新、管理创新、文化创新、知识创新等，同时，也包含了对企业中各项创新进行的计划、组织、控制、领导等活动过程。

二、企业创新的分类

1. 按内容分

企业创新可分为：观念创新、技术创新、管理创新、产品创新、市场创新、制度创新等。这些创新之间具有联动作用，每一项创新的变化都会影响到其他创新的变化，它们之间相互联系、相互作用，构成一个具有一定功能的有机整体的网络状系统——企业创新网络系统，而在企业中每一项创新又具有独自的运行规律，具有一定的功能作用，构成了自身的运行体系即企业创新网络系统的子系统。我们将在后面的章节中对企业创新网络系统做详细的分析。以上各项创新在整个企业创新网络系统中的地位和作用是不同的。观念创新是企业创新的先导，技术创新是企业创新的根本，管理创新是企业创新的保证，产品创新是企业创新的实现形式，市场创新是企业创新得以实现的载体，制度创新是企业创新的基础。

2. 按创新性质分

企业创新可分为渐进式创新和突变式创新。通过考察众多国内外企业创新性质，我们发现企业创新基本上可分为两类：一类是渐进式创新；另一类是突变式创新。这两类创新在促进企业发展方面具有不同的重要作用。渐进式创新使得企业能在新兴行业未侵入之前为企业的持续发展创造有利条件，但同时往往容易造成企业满足于现状，对企业的突变式创新起到抑制作用。突变式创新使得企业能够在面临行业衰败等突变情况下及时进入新兴行业，从而使企业能够继续发展壮大。采取什么样的组织形式以确保这两项创新持续良好的发展，将是下面章节中要研究的重点内容之一。

3. 按创新的功能作用分

企业创新可分为导向创新、核心创新、基础创新、保障创新、活力创新、目标创新等主要创新类别。导向创新是指在企业创新中居于引导地位的创新，导向创新的发展直接影响到企业创新网络系统的运行发展方向。核心创新是指企业创新中居于核心地位的创新，不同企业的不同发展阶段都有不同的核心创新。如技术创新在企业创新中往往都是企业的核心创新。基础创新是指为企业创新提供生存和发展空间的创新，如市场创新等。保障创新是指为保障企业创新顺利进行而开展组织、协调、综合等活动的创新，如管理创新等。活力创新是指为企业创新提供活力，促进企业创新发展的创新，如制度创新等。目标创新是指企业创新发展的目标方向的创新，如产品创新、效益创新等。

这六种创新相互作用、相互联系，共同构成了企业创新网络系统。这个系统是具有耗散结构的动态平衡系统。前两种的分类方法基本上是侧重于以技术创新为主，适用于对生产型企业创新进行研究，而对于其他类型企业特别是服务型、贸易型企业的创新则难以适用。因此，要满足对知识经济时代企业创新研究和促进各类型企业创新不断发展，就必须对企业创新按照功能进行分类，这种分类方法不仅适用于生产和服务型企业，而且适用于不同层次的企业创新分析和研究。因为无论企业创新的大小，基本上都要涉及这六种创新类型的配合。

三、企业创新的特点

从总体上看，企业创新大致可归纳为以下几个特点。

1. 系统性

如上所述，企业创新是一个复杂的系统工程，企业创新涉及市场开发、市场预测、企业生产决策、研究、开发、设计、生产、安装、管理、销售、文化、理念、服务等一系列过程的系统活动。这一过程是完整的有机整体，这个整体的某一方面出现问题都会影响到整个体系的运转，都会影响到整个企业创新活动的整体效果。不仅如此，企业的创新活动还受到企业外部环境的影响，如国家创新网络系统的建立和完善、文化观念情况、法律制度的完善程度、国家支持企业创新的政策措施、全球企业创新网络系统的完善和运行情况、市场的规范程度等都会对企业创新造成直接或间接的重大影响。

2. 创造性

企业创新是多种复杂的创造性活动。这种创造性，一是体现在新产品、新工艺上，或是产品工艺的显著的变化上。二是体现在组织机构、制度安排、管理方式的创新。这种创造性的特点是打破常规、适应规律、敢走新路、勇于探索。企业创新体现创造性，最大障碍在于传统习惯和惯性思维以及原有模式。当然，创造离不开原有知识，但创造性更本质的属性是敢于进行新的尝试，这其中包括新的设想、新的实验、新的举措等，特别是在原有的方式方法还有效的情况下，仍然能打破常规，积极进行创造则更是难得。

3. 市场性

企业是市场竞争的主体。在市场经济条件下，企业创新行为是为了满足经济和社会的发展需要。市场既是企业创新的出发点，又是企业创新的归宿点，是否取得市场成功是判别企业创新的重要标准。因此，企业的一切创新行为都应致力于提高企业与市场的吻合度，这其中包含三层含义：一是市场变化后，企业通过一系列创新行为，适应市场的变化，跟上市场前进的步伐。二是把握市场变化的规律，通过创新，做到与市场的变化同步前进。三是预测市场未来的发展方向、潜在趋势，通过观念创新、产品创新、管理创新去创造市场、创造需求。对企业来说，最直接的客观环境就是市场，离开与市场的吻合，就谈不上准确、科学的创新。

4. 实用性

创新是为了企业发展，只有真正能够促进企业发展的创新，才是真正意义上的创新。从这个意义上讲，创新并非越奇越好，而是应以适用为基本准则。对一个企业来说，由于基础条件不同、历史背景不同、所处环境不同、经营目标不同，通过创新要解决的问题和达到的目的自然就不同。因此，不同企业的创新方式也应有所区别。这就是说，不同企业的创新要满足对本企业的实用要求。

5. 协同性

企业创新是一个动态的过程，创新效益的实现也就随之贯穿于整个创新活动之中。企业整体创新效益的实现呈现出非线性的动态趋势。同时，整体创新的有效进行，需要内部战略、组织、资金、文化等要素之间的协同作用。因此创新管理对企业整体创新绩效的发挥具有至关重要的作用。否则，缺乏有效的管理，各要素的协同作用无法发挥，整体创新的效益就要下降。所以，在企业创新过程中，必须注意各项创新的协同作用。比如在进行产品和工艺创新的同时，还必须致力于开拓新的市场，建立新的营销网络和销售体系；要抓好企业组织体制的创新与配套，探索适应本企业具体条件的管理方法、管理手段，从而确保企业在新环境、新形式下，始终能够处于领先地位。

6. 收益性

企业创新的根本目的就是要促进企业持续发展，并取得良好的经济效益。因此，只有通过企业创新方案的实施，实现企业发展，真正为企业增加了效益，才算达到了企业创新的目的。这里，企业创新和一般意义上的理论创新有所区别。理论创新侧重于新观点、新理论的探索，而企业创新则是侧重于真正实现企业经济效益的提高。企业创新是一种兼有经济和社会目标导向的行为。

7. 风险性

一个创新方案的提出和实施，说到底也是一种决策行为，凡是决策，都不可避免地具有一定的风险性。就创新过程和结果来分析，当提出创新方案时，都是以立足于对现实条件和未来趋势的把握进行抉择的。尽管人们总是认真地分析已知和未知条件，但人们不可能准确无误地左右未来客观环境的变化和发展趋势。这样就使得作为决策行为的企业创新具有一定的风险性。创新如果成功，其成果将为企业带来可观的经济效益，大幅提高企业市场竞争力。一旦失败，则不但创新过程所作的投入无法收回，有时还会损害企业的市场竞争力。所以，创新是一种高收益与高风险并存的经济活动，其中风险分为技术风险和市场风险两种。技术风险是指一项创新在技术上存在着成功与否的不确定性；市场风险是指一项创新活动在技术上成功后，还存在其成果是否受市场欢迎这种不确定性。不同内容的创新所需要的资金和时间的投入以及相伴随的风险是不同的。

8. 动态性

企业创新能力的形成和提高，需要组织、制度、管理、信息、资金等诸多方面的支撑条件。随着企业创新活动的进行，企业的组织结构、组织文化、制度安排和信息网络都要不断地进行动态调整。通过这种动态调整，促进创新效率的提高。此外，这种动态调整又产生反馈作用，直接影响创新活动的进行方式。就技术、资金、信息等创新要素而言，它们既是企业创新的基础，又在创新过程中不断积累和加强，并对企业未来的创新活动发生作用。

第四节 企业创新网络系统

一、企业创新网络系统的含义

大量研究表明，传统的创新理论主要以研究企业技术创新等单项创新为主，几乎没有涉及把整个企业的各方面创新作为一个统一的有机整体来进行研究，并认为创新过程是一个"线性模型"，即是一种"创新链"。在这种线性模型（创新链）中，创新的流动被描绘得相当简单，基本上按照以下路线进行：基础研究——应用研究——新技术、新产品的开发。这种创新链是线性的、静止的。创新的过程被解释为只要增加上游基础研究的投入就可以直接增加下游的新技术、新产品的产出。但是在实际经济活动中，企业创新有许多起因和知识来源，涉及企业的各个方面创新的配套，可以在研究、开发、市场化和技术扩散等任何阶段发生，也可以在产品、观念、服务、技术、管理等任何一个方面发生或同时发生。技术创新也可有多种形式，包括产品改进、工艺改良等。所以企业创新是许多参与者之间一系列复杂的、综合相互联系和相互作用并综合配置各种资源的过程及结果，是一个复杂的系统过程。因此，根据以上对企业创新的定义和分类得知，企业创新是由各项创新以及相关因素构成的企业创新网络系统（见图1-1）。而企业各项创新为主构成的企业创新网络系统是动态的，不是静态的；是多维的，不是线性的。而且，企业中各项创新都是相对独立的子系统，每个子系统都有自己的功能，都需要实现自身的功能最优化。但是，每个子系统功能最优化之和并不一定等于整个企业创新网络系统功能最优化，主要是由于企业创新的各个子系统是相互联系、相互作用、紧密相关的统一有机整体，任何一项创新的变化不仅直接影响企业创新网络系统的变化，而且会影响其他创新的变化，并使这些影响相互叠加在一起，在整个企业创新网络系统内产生叠加效应。因此，如何通过协调、组织、综合各项创新之间的关系，使之达到整个企业创新网络系统功能最大化或最优化，即发挥1+1>2的功能效应，是我们要对企业创新网络系统实施管理的主要目的，其最大化或最优化就是企业通过创新活动取得持续不断的发展，使之在市场竞争中处于不败之地，从而使企业得以持续发展下去。

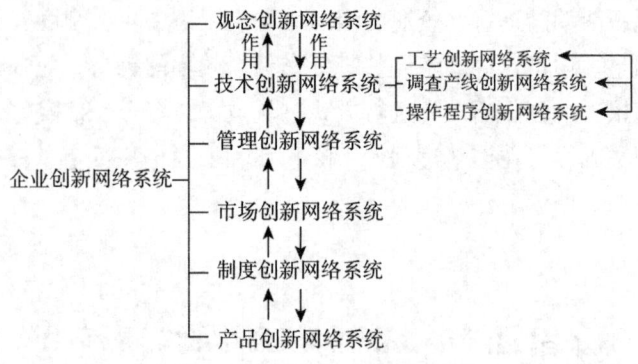

图 1-1 企业创新网络系统

从以上分析可以看出，企业创新网络系统是指由导向（观念）创新、核心（技术）创新、保障（管理）创新、基础（市场）创新、活力（制度）创新、目标（产品）创新等诸要素纵横交错构成的具有特定功能的有机整体。根据创新内容分类和在企业创新中的重要地位，作者认为企业创新网络系统包括导向（观念）创新网络系统、核心（技术）创新网络系统、活力（制度）创新网络系统、保障（管理）创新网络系统、基础（市场）创新网络系统和目标（产品）创新网络系统等子系统。以企业导向（观念）创新系统为例，导向（观念）创新等子网络系统又包括许多子网络系统，如市场观念创新网络系统、学习观念创新网络系统、质量观念创新网络系统、网络观念创新网络系统等。

各项创新子系统构成了相互联系、相互推动和相互作用的有机整体。任何一项核心创新系统的运行都需要有保障创新、活力创新、基础创新、导向创新、目标创新等系统进行密切配合，才能使核心创新取得预期目标，进而保证企业创新网络系统在理想目标轨道上顺利运行。考察各国企业发展的历史，可以看出，企业创新网络系统的各子创新系统是相互联系、相互推动的，只有将他们整合到一起，统一协调，综合配套，才能形成推动企业增长的现实力量。以生产企业为例，一系列的技术创新都有一定的诱导机制与之相匹配，这些诱导力量必将是制度创新的结果，而技术创新只有利用市场才能最终实现，否则只能算是发明，毫无经济价值，因此市场创新必将处在技术创新的另外一端。同时，在技术创新的过程中，管理创新因监督和协调的需要必将是不可缺少的，产品创新是技术创新的载体和实现形式，也是企业创新的目标。而企业的各项创新如果没有相应的制度创新做保证，则企业各项创新就失去了支撑条件与活力。

从以上的分析可以总结出：导向（观念）创新是企业创新的先导和灵魂；核心（技术）创新是企业创新的核心和基础；活力（制度）创新是推动企业创新的活力保证；保障（管理）创新是企业创新的基石，是企业创新顺利进行的重要保障；基础（市场）创新为企业创新的发展创造良好的生存空间，提供运行的基础；目标（产品）创新是企业创新的必然结果和实现形式，是企业创新网络系统的运行方向。以上六个方面的创新相互作用、相互依存、相互协调，构成了企业创新网络系统（见图1-2）。对企业创新网络系统的管理就是要通过建立企业创新网络系统并对企业创新网络系统实施最优化管理。

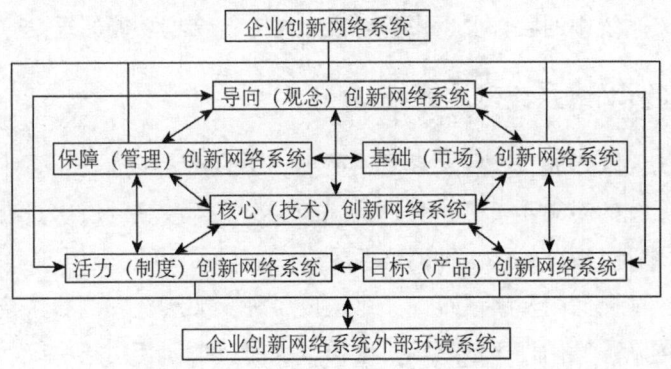

图 1-2 企业创新网络系统关系图

二、企业创新网络系统结构分析

结构是指系统诸要素相互联系、相互作用的方式或秩序，亦即诸要素在时空连续区上相对稳定的排列组合方式。所谓系统的结构是指系统的元素及其联系的总和。因为系统并不是一些元素的简单堆积，一切系统都有结构和功能，即系统是结构与功能的统一体。系统内部各要素的稳定联系，形成有序结构，才能保持系统的整体性。所以结构的稳定性是系统存在的一个基本条件。任何系统，无论存在多么短暂，都有相对确定的系统属性与稳定结构。系统结构的稳定性，就是指系统在外界干扰的作用下，持续保持结构的恒定性、有序性，但结构的稳定性是相对的。任何系统总要与外界进行物质、能量、信息交换，在这种交换的过程中，系统结构不仅在量的方面可以逐步变化，而且在一定条件下还可以产生质的飞跃。

系统结构与功能有如下的关系：

1. 结构与功能是相互依存的

结构是功能的内在依据，功能是结构的外在表现。一定的结构总是表现一定的功能，一定的功能总是由一定的结构系统产生的。没有结构的功能和没有功能的结构，都是不存在的。

2. 结构与功能又是相互制约、相互转化的

（1）系统的结构决定系统的功能、结构的变化，制约着整体的发展变化。（2）功能又具有相对独立性，可反作用于结构。功能与结构相比，功能是相对活跃的因素，结构是比较稳定的因素。在环境的变化影响下，此时结构虽未变化，但功能首先不断地变化，功能的变化又反过来促进结构发展。如企业创新的持续发展，企业的效益获得快速增长，反过来首先会促进技术创新的发展，从而影响各项创新之间的结构平衡，促进企业创新网络系统的结构变化。（3）结构与功能存在互为因果的关系。

3. 结构与功能的四种具体关系

（1）同构异功或一构多功，即一种结构具有多种功能。（2）同功异构或一功多构，即一种功能可由多种结构实现。（3）同构同功，即相同的结构，表现为相同的功能。（4）异构异功，即结构不同，功能也不同。

企业创新网络系统中的各种要素也符合以上的系统结构功能原理。

三、企业创新网络系统的层次性

系统由一定的要素组成,这些要素是由更小一层的要素组成的子系统;另一方面,系统本身又是更大系统的组成要素。这就是系统的层次性。系统的层次具有多样性。纵向的母子系统,可构成垂直系统的层次即网络系统经线;横向的同一层次中,又可构成各种平行并立的系统。纵横交叉的网络系统,又可构成各种交叉层次。例如,技术创新系统由工艺创新、生产线创新、操作程序创新等要素构成,而技术创新网络系统、管理创新网络系统、市场创新网络系统、观念创新网络系统、产品创新网络系统、体制创新网络系统又构成了企业创新网络系统。层次间是相互影响、相互作用的:企业观念创新网络系统起导向作用,引导企业创新向前发展;技术创新网络系统是企业创新网络系统的核心内容,企业各项创新都要围绕企业技术创新进行,这是决定企业核心竞争力的创新;管理创新网络系统处于保障各项创新顺利实施的地位,是保障创新网络系统;市场创新网络系统是企业创新网络系统运行的基础,只有进行适时和有效的市场创新,开发出企业发展和生存空间,企业创新才有发展的基础和空间;制度创新网络系统是企业创新网络系统的活力保证,是推动企业创新网络系统高效、持续、有效、稳定运行的动力;产品创新网络系统是企业创新网络系统的运行目标系统,企业的创新只有最后形成能够为企业带来丰厚利润和具有市场竞争力的产品时,才能实现企业持续创新——企业不断发展——企业长盛不衰的目的。系统层次越高,结构和功能越多种多样,系统层次特征越有利于系统本身的运行和功能的发挥。因此,在加强对企业创新的管理时要注意整体与层次、层次与层次之间的相互制约关系,并用层次分析与层次综合的方法解决实际问题。

四、企业创新网络系统的动态性和最优化管理

企业创新网络系统是一个开放的系统,各子系统之间、系统与外界之间都有物流、能流、信息流在不断运动;系统本身都有生命周期,都有一个从孕育、产生、发展、成熟到衰退、灭亡的过程。系统的这种运动、发展、变化的过程就是它的"动态性"。

任何系统都是作为过程而展开的动态系统,企业创新网络系统也不例外,具有时间性程序。也就是系统 S 和系统组成要素 Q_i(设系统有 n 个要素,则 $i=1$、2、$\cdots$、n)都是时间 t 的函数,用数字公式可表示为:

$$S = S(t) = |Q_i(f)|$$

后面的括号是集合符号。

企业创新网络系统是一个开放的系统,通过与外界不断地交换能量和物质,可能在一定条件下产生自组织现象,形成新的稳定的有序结构,实现无序向有序、较低的有序向较高的有序转化。这种非平衡态下的新的稳定有序结构,就叫耗散结构。这种有序稳定结构与平衡结构不同。稳定的平衡结构或不与外界交换物质和能量,或不改变内部的运动格局(保持变量数及变量间的关系),可以说是一种静止的稳定的平衡状态,没有生机,是一种

永远不变的"死"结构。而耗散结构随时与外界交换能量和物质,其内部的运动格局也有所改变,可以说是一种动态的稳定有序结构,充满生机与活力,是一种"活"的稳定有序结构。企业创新网络系统就是一个远离平衡状态的高度有组织的有序结构,不断地吸收新观念、新技术、新的管理方式,开拓新市场,生产新产品,不断地进行新陈代谢、吐故纳新,只有这样,企业才能存在、延续和发展。

每项创新对企业创新网络系统的作用是不同的,我们可以用加权平均数的办法来表示。

$$Y = \frac{c_1 x_1 + c_2 x_2 + \cdots + c_n x_n}{n}$$

$$= f(x_1、x_2、x_n)$$

Y 表示企业创新网络系统运行值,x_1、x_2、$\cdots$、x_n 分别表示导向(观念)创新、核心(技术)创新、保障(管理)创新等创新。x_1、x_2、x_n 分别表示由其他变量引起的函数。从上式可以看出,企业创新网络系统中的每个变量 x_i 的变化都会引起 Y 的变化,因此,如何使得 Y 保持在最优、持续、稳定的轨道上运行,是加强对企业创新管理必须要解决的重要问题,也就是说要对企业创新网络系统实施最优化管理。

企业创新最优化管理就是通过综合协调影响企业创新各因素,使企业各项创新度保持在最合理的范围,从而促进企业创新在尽可能高水平的状态下发展。创新度是指企业创新发挥作用的最优程度。企业创新的更替不能过早也不能过晚。过早了,前一个创新没能发挥最充分的作用,后一个创新过早启动影响进入市场,增大创新成本。过晚了,前一个创新已发挥完作用无法继续维持企业发展,直接影响下一个创新作用的发挥。我国有许多企业出现昙花一现的现象,主要原因有两条:一条是创新总体能力不足,创新不能持续下去,死抱一个产品吃老本,导致企业难以发展,在市场竞争中被淘汰;另一条是虽然企业有较强的创新能力,也能连续进行创新,但是由于把握不了创新度,把握不好上下创新的最优平衡点,一方面可能造成企业创新成本过高,减低企业竞争力;另一方面后续创新不能及时跟上,导致企业发展进入低谷甚至一蹶不振。在后面的章节中我们将对企业创新最优化管理做进一步研究。

企业创新最优化管理可用图 1-3 来表示。

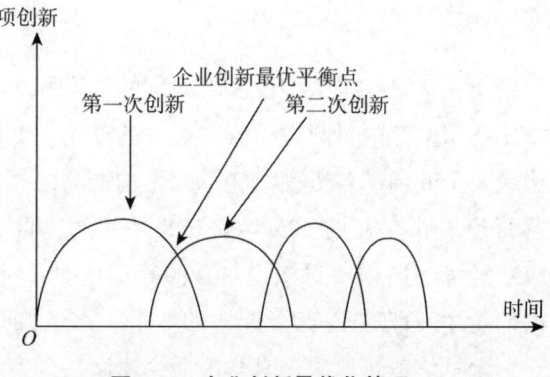

图 1-3　企业创新最优化管理

第二章 企业创新管理的意义

第一节 企业创新发展趋势

一、创新的速度越来越快,正以加速度在发展

20世纪五六十年代发展一项技术创新可能需要好几年时间或者十几年时间,而目前对于高新技术企业来说一年之内就有好几项创新。通信带宽正在扩展,并且与光纤电缆和精巧的无线技术结合在一起。通信技术的飞速发展带来了更多的创新。十几年前,只有大研究机构的博士们才能在因特网上探讨各自的看法,而如今,任何拥有电子邮件账号的人都能提出自己的想法并在世界范围内进行验证。这一切使得人类的创新步伐飞速向前。

二、创新涉及各个领域

创新涉及的领域不仅在产品等物资领域,更大量发生在知识领域、思想领域、文化领域。不但有技术创新,而且有管理创新、市场创新、文化创新、组织创新、产品创新等,创新已经渗透到我们生活的各个方面,小到发型创新、大到住房格局创新,可以说,创新无处不在、无时不见。

三、创新作用越来越大

随着创新的发展和普及,它正在极大地改变着人们的生产和生存方式,由创新带来的经济效益大幅增长,将使我们生存的世界发生翻天覆地的变化。就企业而言,创新所带来的影响也是巨大的,将带来企业内部各方面的变革,影响最大的恐怕是企业经管形式的变革。因为现有企业经营管理模式是在约125年前开始采用的,目的是有效地组织商品生产。现在它已无法适应新经济的要求。对知识要素的管理比对单纯的企业管理重要得多,也复杂得多。组织结构的竞争正演变为行为能力的竞争。由于知识能够被迅速复制和分配,所以一个组织的唯一竞争优势将取决于其学习能力,即从现有知识尽可能快地产生新知识的能力,也就是创新能力。这就迫切需要一种全新的企业形式,全新的组织结构,全

新的基础设施，尤其是全新的企业文化和全新的企业创新管理方式。

四、以大量的知识、信息为基础

当前的创新是建立在网络较为发达的基础之上的，由于网络的发展，使得人们之间的信息交流量得到丰富，信息交流也很充分，这样一方面使创新能以最快的速度得到最充分的信息，另一方面也使创新更易于大家共享。企业由创新而带来的优势保持的时间越来越短，迫使企业要加大创新投入，加快创新步伐，正如海尔所做的：产品技术创新要使用一代，开发一代，储备一代。由于创新全球化，网络提供了一个全天候获取信息的中枢。这个中枢还可以传送所需要的声音和图像，而且无论是分享潜性数据还是显性数据都成为可能，再不用靠书面报告，任何人自己就可以从互联网上直接下载所需的视听资料。另外，网络使人们能够自己聚集信息进行交流，再没有按层次级别汇报的必要了。网络的巨大魅力之一是减少中间传递渠道，使人们获取信息更快、更便捷、更准确，使得创新有了最为根本的基础。

五、创新是企业发展的永恒动力，是国家经济发展和社会进步的永动机

正是由于以知识为基础的大量创新，给我们的社会发展和人们生活带来极大的变化，对世界经济发展带来巨大影响，使得当今世界经济呈现出比以前任何时候都具有较大差别的特点，预示着我们的经济将进入一个有别于农业经济和工业经济的时代，即知识经济时代的到来。随着世界经济的进一步发展，世界经济的知识含量越来越高，逐渐形成知识型经济，其最突出特点就是创新不断出现，经济的效益围绕创新主线攀升，因此也可称为创新经济。最典型的代表就是以美国为首的经济发展已经呈现出创新经济的雏形。这是因为在当今世界经济的发展过程中，创新在不断地进行，而且速度在不断加快，不仅产品在推陈出新，而且人们的观念、思维方式、消费方式等也在全方位发生变化，促进经济的不断发展，经济的发展轨迹呈螺旋式上升，创造出不停的需求。而随着知识的迅速扩散，创新的急剧发展，新产品以前所未有的速度推出，创造出一浪高过一浪的消费浪潮，以及许多新的消费方式，从而不断推动经济向前发展。如我们使用的手机，正以前所未有的速度推陈出新，极大地加快了旧手机的淘汰速度，带动了相关产业发展。以网络技术为基础的知识发展也在以惊人的速度发展，并给人们的社会生活和经济发展带来迅速的变化。可以说，当前世界经济的竞争就是创新能力的竞争。

第二节　加强对企业创新管理的必要性

在当今竞争激烈的国际环境中，组织要成功地开展竞争，就必须创造出新的产品或服务，并采取最先进的技术和管理组织形式，以及拥有极为先进并与之相适应的文化，可以

说，谁最先进行创新，创新水平最高，谁就占据主动权；谁能使创新持续发展下去，谁就能保持永久的竞争优势；谁能以比别人更快速度进行创新，谁就能在竞争中握有主动权。而要使创新以最快的速度和最有效的方式保持下去并促进企业不断发展的最有效办法，就是要加强对企业创新活动的管理，以提高创新的活力和效率，并确保在市场竞争中立于不败之地。其主要原因是：

（1）企业创新网络系统具有很大复杂性。企业创新包括核心（技术）创新、目标（产品）创新、保障（管理）创新、活力（制度）创新等多项创新，这些创新既密切联系，又互相影响、互相作用，构成一个具有一定功能效应的多层次的企业创新网络系统，具有很大的复杂性。另外，企业创新网络系统还受到外界的各种因素干扰。因此，要提高企业创新网络系统的整体功能，增强对外界的抗干扰能力，就必须研究系统运转规律，加强对企业创新网络系统的管理。

（2）原有的企业管理模式已经不能满足管理企业创新网络系统的需要。对以知识为基础的创新活动进行管理与以物质为基础的生产经营活动进行管理具有很大的不同，管理对象的内容已经发生了质的变化，已难以继续完全沿用125年前发明的管理模式来管理企业创新。因此，需要更新管理方式，研究加强对企业创新管理的有效方法。

（3）只有对创新资源进行有效配置，充分发挥创新资源的最高效率，才能使企业处于竞争的有利地位。最为典型的例子就是爱立信与诺基亚公司的对比变化。20世纪90年代上半时期，爱立信的手机与原先"大砖头"相比有了巨大的改变，企业效益有了很大提高，可是由于没有后续的产品创新，结果诺基亚、摩托罗拉等公司后来居上，不断推出创新产品引导全球手机市场，基本垄断了手机市场，与此同时，企业也得到极大发展。海尔集团公司紧密联系市场，创建了具有海尔特色的企业创新体系，通过加强对企业创新的管理，实现了对创新资源的有效配置，使海尔集团公司得到了飞速发展。

（4）创新持续增长的需要。在当今时代，一个企业保持长盛不衰的最主要办法就是保持创新持续不断地发展。通过考察大量企业的发展史，可以发现，一个长盛不衰的企业就是一个不断创新的企业，它的创新发展曲线与企业的成长曲线是一致的，而要保持企业创新持续不断发展的最好办法就是对企业创新体系进行有效的管理。管理的方法是：按照"整体推进，综合配套"原则，建立企业创新网络系统，并对企业创新网络系统实施最优化管理，确保渐进式创新与突变式创新交替进行并持续下去。因此，加强对企业创新的管理已经成为摆在经济学家和企业经营者面前的重要课题。

建立企业创新网络系统，加强对企业创新的管理，是今后我国企业保持持续快速发展的迫切需要；是企业创新能否持续不断发展下去，进而在激烈的国际竞争中取胜的重要条件；是决定今后企业快速持久发展的根本所在；是解决我国企业创新能力不足和难以持久的重要方法之一。

从理论上看，建立企业创新网络系统，加强对企业创新活动的管理，具有重要的意义。从国内外的研究成果来看，虽然对企业各项创新的理论研究已经较为成熟，但是将一个企业各项创新综合起来考虑，把企业中相互联系的各项创新作为一个有机整体进行研究，并分析各项创新之间的联系和发展过程，运用系统论和数理方法提出相应的解决对企业创新网络系统进行有效管理方法的问题，旨在建立一个企业创新的动态管理模型，从而促进企业创新沿着快速、稳定、持久的轨道发展的理论研究，却很少有涉及。因此，这在理论上突破了以单项创新为研究对象的理论模式，第一次以系统论和数理方法对企业各项创新进行综合管理，明确了企业创新管理理论。

第三节　什么是企业创新管理

一、管理的定义

在现代社会中，管理作为有助于目标实现的一种有效手段，可以说无时不在，无处不在。不管人们从事何种职业，人人都在参与管理：或管理国家，或管理家庭，或管理业务，或管理某一方面的工作。国家的兴衰、企业的成败、家庭的贫富、事业成功与否，无不与管理密切相关。

要对企业创新进行管理，首先必须对管理有一个清楚的认识和理解。那么管理是什么？按照管理理论，管理就是对某项活动进行计划、组织、指挥、协调和控制的过程，即是说管理有五大要素。在法约尔之后，许多学者对管理职能作了进一步的探讨，出现了许多不同的学派，其中计划、组织、控制是各学派公认的职能。随着管理理论的不断发展，到20世纪70年代以后，管理学家们通常认为主要的管理职能包括计划、组织、领导、控制四大职能。

1. 计划

任何管理活动都是从计划开始的。为了使管理有效益，首先必须确立正确的目标。只有确立了正确的目标，我们才能判别什么事情是应该做的，什么事情是不能做的。为了提高效率，以较少的投入获得较大的产出，就事先要对资源的投放进行研究、安排，为此就要进行计划的制订，明确实现目标的途径和办法。因此，计划表现为确立目标和明确达到目标的必要步骤的过程，包括评价实现目标的可能性、建立目标、制定实现目标的战略方案、形成协调各种资源和活动的具体方案等。

在管理实践中，许多企业或单位对计划重视不足，在制订和实施计划方面存在不少问题：有的组织的计划只有大体框架，而无具体内容，或者只有近期计划而无远期计划；有的下一级组织有计划，而整个组织却没有计划，或计划只存在于组织高层管理者的头脑中，其他人员无法知晓；有的计划只是作为文章做给别人看，制订之后却不实施，束之高阁；有的计划不适合当前市场经济发展的要求，不能随着市场或企业经营环境的变化而做适当的修订等。这些做法和观念对企业的发展是极其有害的。要想管理好企业并取得成效，就必须有计划。计划是管理的首要职能，要搞好管理就必须做好计划工作。

2. 组织

在制订切实可行的计划之后，为了将目标变成现实，就要组织必要的人力和其他资源去执行既定的计划，即要进行组织工作。组织有两层含义：一是指将各种资源进行合理配置；二是由一群人所组成的一个团体。所谓组织就是人们为实现某一特定的目标而形成的一个系统集合，它有一个特定的共同目标，由一群人所组成，有一个由规章制度、职位职权体系、角色分工等所组成的系统化的组织结构。组织的功能在于克服个人力量的局限性，实现靠个人力量无法或难以有效实现的目标。而组织之所以能发挥这样的功能，是通过组织成员间的分工协作：通过分工发挥每个人的积极性和特长，通过协作形成群体力量。因此，分工协作是组织管理的重点。而组织成员间要进行分工协作，就要求组织成员志同道合、能力知识互补，这是组织发挥其功能的前提。因为只有能力互补，才能进行分工；只有志同道合，才能进行协作。因此，组织管理的核心在于创造一个志同道合、相互协作的组织环境。

3. 领导

领导就是管理者利用职权和威信施展影响，指导和激励各类人员努力去达成目标的过程。当管理者激励他的下属，指导下属的行动，选择最有效的沟通途径，或解决组织成员间的纷争时，他就是在从事领导工作。领导具有指导、协调和激励的作用。领导是有效管理的一个重要方面，是实现企业计划的重要基础，是一门高深的艺术。

4. 控制

控制是指在动态的环境中为保证既定目标的实现而进行的检查和纠偏活动或过程。控制是保证目标能按计划实现所必不可少的。控制贯穿于企业管理的各个方面。管理者通过他人完成任务，并负有最终责任，为此，管理者就需要建立控制系统，以使自己可以自始至终地掌握他人完成任务的情况和进度。控制与其他管理职能之间存在着密切的联系，计划、组织、领导职能是控制的基础，控制是在这三者的基础上对具体组织活动进行检查和调整，离开一定的计划、组织、领导，控制就无法正常进行。控制要以计划为依据，有计划、有组织地进行；控制又是计划、组织、领导有效进行的必要保证，离开适当的控制，计划、组织、领导都可能流于形式。

综上所述，管理的四个职能之间是相互联系的，管理正是通过计划、组织、领导和控制这四个基本过程（或手段）来展开和实施的。因此，就管理过程而言，管理就是由计划、组织、领导和控制等职能组成的一个循环不断的过程（见图 2-1）。

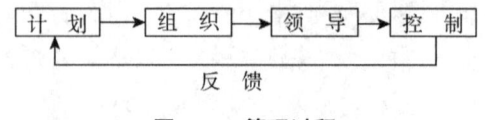

图 2-1　管理过程

尽管计划主要着眼于有限资源的合理配置，组织主要致力于合理的分工、有效的协作，领导着重于激发和鼓励人的积极性，控制的重点在于纠正偏差，但它们都是管理的有效手段。从各自不同的角度出发，相互配合，共同发挥对企业的有效作用，进而为提高企业的管理效率和效益服务，最终达到以尽可能少的资源投入获得尽可能多的产出的管理目的。

二、企业创新管理的含义

为了保证企业创新工作的顺利进行，企业必须加强对企业创新工作的管理。企业创新管理与企业的其他管理一样，都需要计划、组织、领导和控制。进行企业创新的管理就是要有效组织企业创新所需要投入的资源，并保证企业创新的各个方面和整个过程的有序进行。有效的创新管理可以大幅减少创新过程中的不确定性，并提高创新的成功率。企业创新管理要求组建有效的企业创新网络系统和创新机构，进行创新人员的合理组合，培养出具有强烈创新意识的团队精神。同时，企业创新管理要求根据企业创新各阶段不同资源配置要求，组织不同资源并让其在各自的位置上正常有效运转。如果不能及时组织各种创新资源，就会影响企业创新过程的顺利进行。企业创新的过程是一个群体的复杂的行为过程，有许多人参与创新活动，有许多人为创新服务，创新人员等创新要素与各创新环节之间的协调，就显得十分重要。总之，由于企业创新活动的高度不确定性、知识性和复杂性，更需要进行管理。

企业创新管理就是综合配置企业内部各种创新资源，对企业各项创新活动进行计划、组织、指挥、协调和控制的过程。在本书中，企业创新管理主要包括两部分内容：建立完善和运转有效的企业创新网络系统和对企业创新网络系统实施最优化管理。

第四节　企业创新管理的基本内容

一、制订企业创新计划

企业创新计划的制订是企业创新管理的基础。制订正确而有效的企业创新计划，可以提高企业创新过程的效率和成功率。制订企业创新计划要符合企业的总体发展目标，根据企业发展的不同阶段的不同需要，有针对性地提出企业创新目标。制订企业创新计划，首先要进行创新对象的选择，即根据企业环境的变化和管理中发现的各种问题决定进行什么样的创新，是技术创新还是管理创新、是制度创新还是文化创新、是产品创新还是工艺创新。其次，建立企业创新网络系统并对其进行结构调整以适应企业内外环境发生的变化和影响，综合协调考虑各项创新的配套，以达到企业创新网络系统运行功能最优化。

当然，企业创新也适合于用目标管理法进行管理，企业可以根据企业自身存在的主要问题，确定需要解决的前后顺序，把企业创新分解成阶段性和局部性目标，利用目标管理法实施重点突破、梯次推进、全面系统创新，使企业创新有效进行，企业发展得到整体改善。

二、组织企业创新

企业创新的组织要求企业按照企业创新目标和计划要求，建立合理的、高效的、能保证计划顺利实施的组织结构和体系，合理安排和配置各种有效资源，以保证计划和组织目标的顺利完成。

企业创新的组织主要做两件事：一是建立富有创新激情和活力的创新组织；二是合理配置创新组织人员和资源。

1. 创新组织的建立

在企业内部，创新组织的形式可以多种多样，如 QC 小组、攻关小组、专家委员会、模拟董事会、小改小革活动小组等，每个企业可以根据自身的实际情况和创新需要建立相应的创新组织。但是，对于每一个企业来说，建立既有利于企业推进连续进行的渐进式创新、又有利于推进突变式创新的组织形式至关重要。有关内容将在后面的章节中论述。

2. 创新组织人员的配备

不同性质的工作需要具有不同才能的人才能胜任，而为了使同部门中的人能协调一致，需要合理配备有关人员。能否进行富有成效的创新，关键取决于创新组织人员配置是否合理，是否具有团队精神。

三、建立企业创新网络系统

根据上述分析，企业创新管理的主要内容之一就是要建立相对独立、运转灵活、功能齐全、高效稳定运行的企业创新网络系统。同时，对这个系统管理应是全面的、系统的。因此，怎样合理、有效地建立实用、有效、功能齐全的企业创新网络系统，以实现企业持续创新的目标是我们进一步研究的问题。

首先，该网络系统既要能作用于企业的长期创新发展，又要能完成各项具体现实目标。这就要求创新网络系统具备相对稳定的组织形式，又要能结合具体目标随时进行调整。企业可根据企业创新的长远发展规划和发展方向制定网络框架，再将具体的现实任务与其相结合，就形成了一个有内容、有目标、层次分明的有型创新网络系统。这一系统的建立，在当今市场经济日益发展和不断变化的形势下具有重要的现实意义。企业要随时调整、更新企业创新网络系统的结构，以适应不断变化的外部环境，真正做到以市场需求为导向。所以在建立企业创新网络系统时，要充分考虑可能发生的各种情况，使企业创新网络系统功能多元化，随时可以按照企业的发展要求进行切换，这就是企业创新网络系统的弹性功能。一个企业创新网络系统如果没有足够的弹性，不能形成动态平衡网络系统，该企业的创新网络系统运行就会出现僵化，难以适应知识经济时代对企业创新发展的要求。

其次，现代企业创新网络系统包容企业创新活动的所有环节，不仅要做到结构清晰，还要做到易于把握。企业创新系统可利用网络系统的经线和纬线把握。企业创新网络系统在建立时要经纬分明，以经纬交结来控制固定于节点上的人。根据功能不同，企业创新网络系统的各条经线又可自成子系统，这就是导向创新——企业观念创新网络系统、核心创新——企业技术创新网络系统、基础创新——企业市场创新网络系统、保障创新——企业管理创新网络系统、活力创新——企业制度创新网络系统和目标创新——企业产品创新网络系统。这些子系统是为完成某种单一功能而自成一体的具有一定功能结构的网络系统。而整个企业创新网络系统则是对各子系统协调统一的有机结合,其协调功能是由纬线来完成的。纬线就是负责将经线连接成网以实现各经线间的协调运作。纬线的主要职责是促使处于各经线上子系统有机结合,相互协作,合理配置资源,达到网络系统功能最优化,并且这种由合作与综合协调产生的最优化功能,远远超出了每个子系统各自为政所产生最优化功能的简单相加。

最后,控制一个网络系统的关键点就在于控制该网络系统的网纲。对于任何一种网,使用者用以把握这个网络系统、牵制其他各子系统的主要线路称为网纲。企业管理者只要抓住网纲就能掌握对整个网络系统运行的控制。一段时期内,企业的创新目标一般是确定的,也就是说企业的创新工作都会有一个核心,企业的其他创新都要围绕核心创新进行,这个核心创新就是企业创新网络系统运行的网纲的依据。企业的核心创新可能会有所变化,但在一定时期内它是相对固定的。网纲是企业创新工作重点的一个真实反映,又是为了完成企业创新管理目标而采取的必要手段。通过抓住企业创新网络系统网纲,可以简化企业创新管理工作,避免步入"眉毛胡子一把抓"的大而全的管理误区。

那么如何进行网纲的选择呢?如上所述,企业创新网络系统的网纲是由当前的重点创新目标而定。企业的创新目标可能同时有多个:产品创新、技术创新、成本创新、质量创新等。在这一系列目标中,要选择与企业当前经济利益关系最直接、最能发挥企业潜力的创新目标作为企业创新网络系统运行的重点管理对象,即作为网纲来管理,以带动企业创新的全面发展。例如,对一般生产企业来说,技术创新一直都在抓,但同时对技术创新的管理却可能比较混乱,技术创新实施难以跟上,这时就可能要把管理创新作为网纲来抓;而对于一个商业企业来说,服务创新则应是其企业创新网络系统的网纲。对同一个企业来讲,由于经营目标的改变,其创新网络系统的网纲也会相应有所改变。一般来讲,某一专业管理水平达到一定程度以后,由此带来的效益呈递减趋势。这时就应转变创新网络系统的网纲,将重点放在其他能够带来更大效益的创新目标上。

另外,提出网纲就是要让管理者的管理有针对性,减轻对创新管理负担,以实现对企业创新的最优化管理。因此网纲的选择要少而精,不能混淆主次,要抓住重点。通过分析,对于每个企业来说,特别是生产经营型企业,从长远来看都要进行导向(观念)创新、核心(技术)创新、保障(管理)创新、基础(市场)创新、活力(制度)创新和目标(产品)创新。

因此,对企业创新管理的实质就是要通过建立各项创新网络子系统,并对各子系统进行综合协调,从而建立结构合理、功能最优化的企业创新网络系统。

四、企业创新网络系统运行管理

在建立了企业创新网络系统之后,我们就要对企业创新网络系统的运行进行最优化管理。在建立最优化管理模型之前,我们要对企业创新网络系统作进一步的分析,特别要分析带动和影响企业创新网络系统运行轨迹的关键要素或叫关键点,本书把这些在企业创新网络系统运行中起关键带动作用的变量叫网点。影响企业创新网络运行的变量有很多,我们要选择与企业创新网络系统关系最直接、最能影响企业创新网络系统发展的网点作为重点管理控制对象,从而达到对企业创新网络系统实施最优化管理的目的。

五、对企业创新网络系统运行过程进行管理

企业创新网络系统在运行过程中会受到外界各种因素的干扰,从而影响到系统的运行方向和持续运行,因此,为了确保企业创新网络系统沿着稳定、快速、平衡、有序、持续的方向运行,就必须对企业创新网络系统实施全过程的管理控制。与此同时,根据系统原理,为确保系统的有效运行,还必须控制影响系统运行的主要变量,并研究这些变量对企业创新网络系统运行的综合作用。还要研究促进企业创新发展的动因和激励机制,确保企业创新持续稳定发展下去。

综上所述,要实现企业创新发展最优化,并使企业创新持续不断发展下去的最好办法,就是建立创新网络系统并对企业创新网络系统实施科学的管理,根据以上分析,我们可以把对企业创新管理用图2-2来表述,在以后的章节中,将围绕这一思路展开论述。

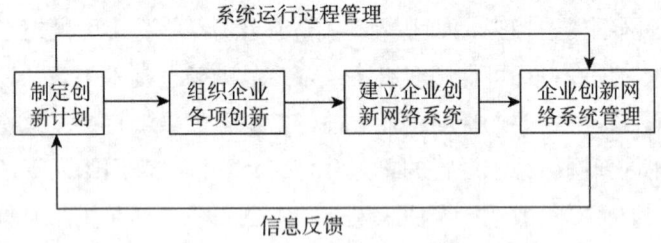

图2-2 企业创新管理拓扑结构图

第三章 企业观念创新网络系统

企业观念创新网络系统属于企业创新网络系统中的导向创新网络系统，在企业创新网络系统中处于引导的地位，起到导向的作用。企业观念创新如果落后于企业创新中的其他创新，不仅不能促进其他创新的发展，反而会阻碍其他创新的发展，对其他创新起到制约作用。反过来，其他创新的发展又对企业观念创新提出更高的要求，随着企业创新的进一步发展，原有观念已经逐渐不适应创新的发展，需要进行观念创新，从而影响整个企业创新网络系统的有效运行。

第一节 企业观念创新网络系统基本内容

一、企业观念创新网络系统含义

观念创新的内涵，应当归纳为观念创新来源于客观世界的变化，是人类主动适应客观世界变化的体现。创新的目的是人类主动适应客观世界的变化，创新的正确与否，要受客观实践的检验。因此，企业观念创新是企业在认识客观世界过程中，不断地对各种观念进行组织、更新和优化的活动过程。企业观念创新网络系统是由企业各种观念创新构成的具有特定功能和结构的网络状的系统。

二、企业观念创新网络系统运行的客观基础

企业观念创新，其客观基础是企业客观世界的发展和变化。观念创新的目的是适应客观世界的发展和变化。客观世界的发展变化是不以人的意志为转移的。这种变化不论人们承认与否，认识与否，总是要出现，总是要进行的。当人们认识了这种发展变化的规律性时，就能够主动地去适应它；当人们尚未认识到这种发展变化的规律时，就要受到这种发展变化的制约。这种认识不应该在受到制约时才产生，而应当在这种变化已经呈现趋势状态时，就去把握它。由于人们的观念是产生于客观世界的，而客观世界是不断发展变化的，因此，企业观念创新是企业员工及时适应客观世界发展变化的能动表现。

三、企业观念创新网络系统运行的目标区域

观念创新网络系统运行的目标区域在于预见客观世界发展变化的未来趋势，并积极主动地去适应客观世界的发展变化。客观世界的发展并不是从一开始就被所有的人都认识和把握的，特别是客观世界的变化在人们的感知中，还表现为零乱的和无序的状态时，一些人往往不能从中认识其背后所反映的规律性和趋势性。观念作为人类思维的一种主观能动性的表现，其目标就是要从客观世界零乱和无秩序的现象中归纳、升华其规律性和趋势性。如果能够及时把握客观世界发展变化的趋势，在客观世界发生变化的同时，就主动去调节自身的行为；当客观世界每发生一定变化，人们就已经认识它、感知它，则人类行为的盲目性就会大幅减少。要做到这一点，关键在于人们能不能把握客观事物变化的规律，如果说观念创新是人类为了适应外界环境变化的话，那么这种适应的目标区域则是把握其未来的趋势。

观念创新网络系统运行目标区域还包括促使观念与客观世界变化的吻合。就观念创新来说，并非创新就是越新越好；并非一次创新就是一劳永逸；并非起步正确就意味着结果也正确。观念创新是一个动态的系统过程，这个动态过程既来源于对客观世界认识的变化，也要用客观世界的变化及其规律来检验其正确性。因此，科学合理的观念创新应当是客观世界变化的客观的正确的反映，应当以客观世界发展变化为目标区域。

第二节 企业观念创新网络系统功能

一、导向功能

1. 企业观念创新决定和影响企业的创新决策，是企业创新发展的导航器

企业观念创新是一种自觉认识企业发展的主观意识，能够指导未来的企业创新实践，能够在总体上决定企业创新的战略决策，对企业创新发展起着全局性的导向作用，因此，观念创新是企业创新的导航器，企业观念创新网络系统在企业创新网络系统中起导向作用。

2. 企业观念创新引导着企业各项创新活动的运作

企业创新是由观念创新、技术创新、管理创新、市场创新、制度创新、产品创新等创新活动组成的一个庞大体系。这些具体创新活动一方面受观念创新的制约，另一方面又为实现观念导向规定的目标服务。否则，观念创新、技术创新、管理创新、市场创新、制度创新、产品创新等活动就会各行其是，不服从于一个总体目标。因此，决定、影响企业创新全局和发展方向的是观念创新。

二、推动企业创新网络系统运行功能

企业创新发展过程，企业创新的演进过程，也都是一次观念更新的过程。企业观念创新是企业各项创新的前提和先导。下面以企业生产营销观念创新的历史发展过程为例进行说明。

1. 生产观念创新

这时企业只重视生产管理的观念。企业管理的主要内容是扩大产量、满足需求；降低成本，增加利润。

2. 销售观念创新

随着生产的发展和社会的进步，企业的供给能力大幅增强，市场出现供大于求的状况，于是企业由生产为主转向以销售为主。进而导致企业管理的重心由过去的生产管理转移到销售管理和提高推销人员的素质上来。

3. 营销观念创新

自 20 世纪 50 年代营销观念产生后，企业管理由只重视内部管理发展到同时注重外部营销管理的时代，管理方式由此不断创新。市场调查和预测、新产品开发与决策、营销手段的变更等各种新型管理方式得到广泛应用，市场创新得到了深入发展。

4. 动态均衡观念创新

随着商品经济的进一步发展，科学技术的进步，企业营销环境和条件在不断的变化和发展中。企业应该扬长避短，在自身优势与消费者需求之间找到一个结合点，以确定有优势的目标市场，以在变化中寻找企业与市场的平衡点。这种动态均衡观念，要求企业一方面要根据消费者需求的变化调整产品结构和管理方式；另一方面还要推出引导消费者需求的产品，以引导消费。

5. 社会责任观念创新

随着经济的发展，社会物质财富日益增加和环境保护意识的增强，企业管理不能仅仅在企业利益与消费者利益之间进行动态均衡的调节，还应承担社会责任，考虑企业利益与社会利益的平衡，以实现可持续发展。在社会责任观念下，企业除了重视技术、市场趋势预测和战略管理外，还要特别重视协调企业、消费者和社会利益的关系。在这一观念支配下，企业要开始采用新的管理方式和管理手段。

第三节　企业观念创新网络系统运行基本目标

随着世界经济形势和科学技术的飞速发展，人们越来越认识到，永无止境的观念创新，是企业长期稳定发展的要诀，是企业各项创新的导向和关键。企业观念创新网络系统运行基本目标包括下述的几个方面。能否达到下述的观念水平是衡量一个企业观念创新网络系统运行是否正常的表现。但是，对于不同企业来说，并不是所有的观念创新都要求越高越好，而是要根据企业的实际情况决定企业观念创新度，使企业观念创新对企业创新的推动作用达到最优状态值。如在以知识为主要资源的高科技企业里，以人为本的观念就必须比一般企业要强得多；而在服务类企业中，服务观念创新将占据最为重要的位置。

一、以人为本观念

以人为本的观念，就是企业从基本理念到具体的管理原则和方法，都是从人出发，以人为核心和以人为目的。也就是在社会主义市场经济条件下，充分调动人的积极性、主动性和创造性，使人的价值在工作中得到体现和发展，使企业经营业绩得以提高。以人为本的观念具体表现在：

第一，尊重人的价值，实现员工的个人价值和社会价值的统一，使员工个人利益与国家、企业利益一致起来。

第二，以人为本，着眼点是人，而不是物，要把满足员工的精神需要和物质需要作为发挥员工潜能与推动企业发展的重要动力。

第三，提高人的素质是"以人为本"观念的核心内容。21世纪的竞争是科技、资本、知识和人才的竞争，以上这些竞争归根结底是人才的竞争。企业只有不断提高人的素质，才能不断发展；也只有具有高素质的人才，企业才能有一流的技术、一流的质量、一流的产品和一流的管理。与此同时，企业把观念由过去的用人干工作转变到用工作培养人上来。

第四，以人为本要把满足人的需要、促进人的发展作为基本的激励手段。包括：根据人的能力，分配适当的工作，使每个人都能在适当的工作岗位上各尽其才，各尽其长，各尽其用；任人唯贤，公开招聘人才，做到能者上、弱者下、竞争上岗；同时，要尊重人，企业领导者要善于与企业员工进行沟通，全心全意依靠员工办好企业，使企业员工忠诚并全身心地投入到工作中，使员工对企业有归属感和认同感。企业领导者要不拘一格使用和发现人才，以最大的限度发挥人的潜能。

二、市场观念

1. 市场创新、引导需求的观念

企业要树立产品创新的观念，首先要研究市场需求，这种需求包括现实需求和潜在需求，要将重点放在市场变化的趋势上；其次要把握产品的寿命周期，适时投放市场，引导市场的消费。通过产品的创新，引导市场需求，引导社会消费。

2. 服务创新、赢得顾客的观念

服务创新要求企业的全体员工首先要有服务创新的意识，企业生产经营过程就是满足顾客需求的过程，也就是为顾客提供各种服务的过程。企业只有真心实意地为顾客提供优质服务并不断创新服务，顾客才能产生对企业的信赖，企业也才能销售出更多的产品。

3. 形象创新、以精取胜的观念

在形象创新中，应有不断创新的观念，使产品形象具有新、奇、特的特点，使形象具有与质量相一致的品质。同时，不仅产品需要实施创新，不断树立新形象，企业员工也需要包装并树立体现企业素质和文化的形象。树立良好的员工形象对树立良好的企业形象具有重要的作用，进而影响企业产品的销售。

三、服务观念

服务观念最主要是体现在以顾客的需求为出发点，服务于顾客，树立顾客至上的观念。

1. 全程服务于顾客的观念

企业以顾客需求为企业各项活动的出发点，并将服务观念贯穿于企业生产、经营、销售、服务的全过程。从对产品全过程的研究、设计、品种规格、质量、销售、售后服务以及事故处理等各方面紧紧围绕顾客的要求和愿望进行生产经营。企业在进行任何一项生产经营活动时都必须以服务于顾客为出发点和落脚点，及时适应顾客的需求发展。

2. 以顾客为核心的观念

即企业从追求长远的利益出发，让顾客满意企业行为的观念。企业尽管追求的是利润目标，但追求利润的手段建立在满足顾客需求的基础之上，只有以顾客为核心，充分满足顾客的需求，企业才能实现自身的利润目标。企业要使自己的行为机制、行为规则和行为模式让顾客满意，就必须使企业行为与顾客之间建立信任和认同感，企业才能与顾客建立长期友好的合作关系，只有这样，企业才能从中获得更大的和长远的利润。

3. 企业形象满足顾客需求观念

即企业通过统一的企业标志、标准色、标准字等策划与传播，使企业独特的形象准确而有效地传达给社会和顾客，并通过良好的形象获得巨大的社会效益和经济效益。

4. 顾客满意服务观念

企业要从顾客的需求角度出发，不断地健全和完善服务体系，提高服务质量，从而最大限度地使顾客对企业的服务质量、保证体系、完善性和方便性感到满意。

四、竞争观念

企业参与市场竞争的一切活动都是在竞争观念的指导下进行的，企业竞争观念的创新，是企业竞争行为获胜的前提和先导。企业竞争观念创新主要有以下内容。

1. 全方位的竞争观念

竞争是贯穿于企业生产经营全过程的，因而要求企业树立全方位的竞争观念。这表现在从产品设计、物资供应、质量管理、技术进步、设备改进、新产品开发、产品定价、人才管理、商品服务一直到企业信誉等都要有竞争的意识。这些环节的竞争是相互联系、相互促进的。一个环节竞争力的提高，会促进其他环节竞争能力的改善和进步。通过积极主动地将各个环节上的生产经营活动与竞争联系起来并协调共进，有利于使企业取得整体竞争优势。

2. 多种手段并存的竞争观念

市场如战场，在激烈的市场竞争中，企业要树立多种手段并存的观念，努力研究竞争对手和竞争方式。随着时间和空间的变化，竞争者多少和竞争力的大小，竞争范围、竞争强度等都在不断变化。企业要在灵活多样的竞争观念的指导下，采用多种竞争策略和手段，抓住时机，取得胜利。

3. 以快制胜的竞争观念

树立"以快制胜"的竞争观念，不是让企业去片面追求发展速度；而是在自己已经具备条件的基础上，能够把快的速度发挥出来。现实中，常有领先一步，步步领先；落后一步，步步落后的实例。以快制胜的"快"就是及时把握机遇，乘势而上，这样才能做到出奇制胜，抢占市场的先机，这就是通常说的"机不可失，时不再来"。一个企业能否树立"以快制胜"的竞争观念，关系到企业的生存和发展。

五、超越自我观念

1. 不断创新观念

即思维要不断创新，管理要不断创新。企业的生存环境是不停地发展变化的，市场也在不断地产生新的需求，若企业一直沿用以往成功的策略和经验，忽视生产经营环境和条件的变化，缺乏"以变应变"的指导思想，企业很难在激烈的市场竞争中取胜。因此，企业经营者和员工的思维方式必须不断革新，并以大胆创新、开放活跃、务实、辩证的思维方式经营企业。

2. 追求创业观念

这是说企业的生存和发展必须建立在自立图强、艰苦奋斗、奋发向上的基础上，企业经营者要做企业的创业者，要有持续不断的创业精神。在经营活动中，树立起独具特色、标新立异的思想，废除千篇一律、墨守陈规的思想；奉行协作而不依赖、借鉴而不效仿的原则；以鲜明的个性、独特的风范，不断进行开拓的精神，在激烈的市场竞争中，始终保持良好的竞技状态。

3. 社会市场观念

从发展的角度看，市场经营观念大致经历了单纯生产观念—推销观念—市场营销观念—生态学市场观念—社会市场观念等五个渐进发展过程。社会市场观念要求企业在向市场提供产品或服务时，不仅要考虑满足消费者群体的需要和发挥本企业的特长，而且还要符合全体消费者和整个社会最大发展的利益。这里，全体消费者包括企业的最终消费者、中间消费者和公共消费者。

4. 效益观念

提高经济效益是企业永恒的主题。企业生产经营过程是一个动态的大系统，它是由投入、转换、产出组成的，只有产出大于投入，企业才有存在的必要。企业的效益观念应是全面的、综合的效益，包括：①投入产出比较观念，这种观念是指在一定的投入下，取得最大限度的产出，或在一定的产出下其投入最少的观念。②微观经济效益与社会宏观经济效益相统一的观念。③当前短期效益与长远效益相统一的观念。

六、质量观念

质量是企业的生命，质量不仅体现企业生命的价值，而且体现一个民族素质的优劣、科技和经济发展的程度以及民族文化更深层次的追求。从某种意义上说，市场竞争就是企业各方面的质量竞争，企业要想在国际竞争中获取胜利，其关键在于具有现代化的"大质量"观，树立以质量求生存、以质量求发展的新型质量观念。这种观念体现在如下几个方面：

第一，质量要从符合标准扩大到产品的性能、品质、包装、服务、可靠性、安全性、经济性等方面满足用户要求的观念。

第二，从对产品质量形成过程中的关注扩大到对产品开发、流通领域、售后服务方面的关注。

第三，质量要从有形的物质形态扩大到无形的精神形态。随着知识经济的到来，质量问题已不仅是产品质量的问题，而是涉及全体员工素质、企业管理水平等各环节。企业要有全新的质量观念，如对员工的质量认识不仅要了解学历、学问、知识等有形质量，还要了解员工工作能力、进取心、向心力等无形质量。所以，企业要提高产品质量，首先要提高员工对质量的关心度。

第四，从注重获省优部优的观念转向积极获取质量认证的观念。企业要积极贯彻推行国际质量认证标准，按系列标准的要求，调整、充实、完善质量体系，采取相应的质量保证模式，并积极创造条件争取获得国内和国际认证机构的认证。

第四节 企业观念创新网络系统需要进一步完善和加强的运行目标

一、信息观念

信息与创新的关系十分密切。现代社会信息可以看做人们获取新的知识、改变旧的知识结构的工具。对于知识经济时代的企业来说，如果没有充分的信息，就等于是"瞎子"，无法在激烈的市场竞争中取得胜利。因此，企业获取的有用信息越多，越有利于企业创新发展，也就越有利于企业在竞争中取胜。信息和机遇一样，都是客观事物的产物。信息作为一种资源为创新提供条件，而创新必须依赖对信息的获取。

我国经济正处于两个转变的关键时期，企业面临着一个开放、复杂、竞争日益激烈的外部环境，企业一切生产经营活动都受外部环境影响和制约，企业决策者要增强获取和拥有信息的紧迫感。信息化是当今社会发展的趋势，加快推进企业经营管理信息化是世界普遍关注的焦点，更是判别一个企业竞争能力的重要标志。因此，企业要树立牢固的信息观念，要充分认识信息化的推进是企业增强竞争力、提高经济效益的根本之路，要树立起真正的信息资源观。经营+信息=财富，这是世界各国企业的发展经验。

企业要学会广泛获取信息并注意在企业中实现有关信息共享，要掌握迅速捕获信息的能力并判断和筛选出企业有用的信息，建立完善的信息收集、归类和使用体系。

二、网络观念

信息技术的广泛应用推进了网络技术的发展。世纪之交，一项信息传播技术正成为全球注目的焦点，这就是国际互联网（Internet）/企业内联网（Interanet）。我们的生活已经与网络紧密地联系在一起，从网络上我们可以以前所未有的速度获得知识和信息，它极大地改变了我们生活和生存方式，人们生活的每个领域——政治、经济、文化、娱乐甚至衣食住行，都时时刻刻地受到网络的冲击。可以说，"因特网是21世纪对人类生活影响最大的科技发明""因特网正改变着世界、改变着社会、改变着人类历史文明"。

网络技术的发展，引发了企业经营者信息交流方式和企业管理模式、企业文化乃至组织结构的一系列变革，极大地促进了社会的进步。伴随网络规模的扩大和技术成熟，用网络技术构造的企业内联网也悄然走进企业。内联网就是运用网络技术手段，集局域网、广域网和高速数据服务为一体，用于企业内部信息传递和数据资源管理的网络。它在国际互联网上注册网址、设立网页，从而建立新的企业生产营销体制及信息收集与反应机制，实现企业经营机制和管理观念的根本性变革。短短数年间，互联网/内联网技术已渗透到企业的办公、生产过程乃至对未来的憧憬中，它正促进企业与外界进行业务交往的手段发生巨大的变革，并且改变了企业内部的通信方式。

随着竞争的加剧，网络的地位和作用已日益突出，企业各项工作的效率高低均与企业能否建立快速、先进的智能化的信息传输和处理网络有关。企业能否正确高效地运转，将主要依赖企业网络上信息的传递速度、收集数量和信息处理（决策）的及时性。企业能否及时、便宜地得到所需的原材料，能否便捷、快速地满足顾客要求，将主要取决于企业能否建立产供销服务网络体系。企业是否建立起贯穿采购、物流到结算的"一条龙"电子数据交换网络系统，目前在国外已成为判断企业是否具有竞争力及竞争能力强弱的重要标志。

网络的发展对企业创新活动的影响是不言而喻的，是知识经济时代对企业创新的基本要求。因此，企业要树立网络发展的观念，积极利用网络资源为企业创新服务，培养网络人才，充分利用网络获取企业创新所需的信息，并在企业内通过网络实现信息共享。要建立功能多样、资源共享、网络连通、系统兼容的智能化企业网络。

三、知识经济和知识管理观念

知识经济的兴起让知识已经融入企业经济活动的全过程中，成为经济长期增长的关键因素，对企业的生产经营活动以及企业创新产生着广泛而深远的影响，知识已经成为决定企业发展的重要资源，企业创新发展的重要资本——知识资本。

知识作为企业创新的内生性、关键性要素，企业需确立知识是企业创新关键要素的观念。在具体操作方面，一要增加人力资本投资，即教育和培训方面的投资必须成为企业投资的重要组成部分。二要在企业组织中建立和完善研究和开发机构，使其结合经营进行知识创新和知识应用，推动企业各项创新。三要充分认识到科学和技术人才是知识的创造者，是实现企业知识经济和知识管理的决定性因素。四要增强重视无形资产的观念，强调对知识产权的保护和利用。

由于知识在企业发展特别是在企业创新发展中的重要作用，确立知识管理的观念成为一种必然。知识管理是在信息管理的基础之上的更高级的管理，它不同于信息管理、资产管理、财务管理、生产管理和营销管理。知识管理是指对企业的知识资源进行有效管理的过程。知识管理的目标就是使企业实现显性知识和隐性知识的共享，促进知识创新并最大限度地激发企业员工的智力资源。它强调把人力资源的不同方面和信息技术、市场分析乃至企业的经营战略等协调统一起来，共同为企业创新发展服务。

有效的知识管理不仅在于企业拥有合适的软件系统和充分的培训，它还要求企业的领导层把集体知识共享和创新视为赢得竞争优势的支柱。知识管理的主要内容包括信息的收集、筛选、整理和分析，最新科学技术的跟踪，外部环境的调研和企业经营战略的确定等。知识管理的前提是企业要有一大批有知识的员工，而且，企业的经营决策等人员必须是经营管理方面的行家里手。

为了实现企业的知识管理，企业在经营管理中必须做到：①设置专门的知识管理部门。知识作为一种无形资产，要充分发挥其潜能，需要有专门的管理机构对其进行有效的管理。②建立档案管理。③通过合作实现知识共享。④要建立能为知识共享和信息交流提供方便的基础设施网络。⑤建立有效的制度安排。

四、知识创新观念

对于企业来说，仅会获得知识和学习知识是远远不够的，还必须具有创新知识的能力，具有知识创新的强烈意识，这是对知识经济时代下现代企业的要求。知识创新是指通过科学研究，获得新的基础科学和技术科学知识的过程，目的是追求新发展、探索新规律、创立新学说、积累新知识，并应用到产品或服务中去，以促使企业获得发展。

知识创新对于企业创新发展来说具有重要的作用。知识创新是企业创新发展的基础和原动力，可以提高企业的竞争实力，为企业的长期持续发展提供动力，促使企业在竞争中处于不败的地位。为充分发挥知识创新对企业创新的重要作用，进一步推进知识创新，企业应加强对知识创新的管理，建立知识管理的各项制度和激励机制，加强企业学习型组织的建设。

五、学习观念

在知识经济时代，知识的更新大大加快，快速的知识更新意味着学习必须成为一项持续的修炼活动。对于员工来说就是要进行终身学习，对于企业来说就是要建立学习型组织。因此，学习必须贯穿于我们一生的生活与工作。只有不断地及时地更新旧有知识，人们才能掌握最新知识乃至创造最新的知识，才能促进企业创新的发展，企业才能保持竞争力。

因此，要求企业建立学习型组织，就要像办学校那样来办企业：建立终身教育制度，并辅之以一定的激励机制；重视"授教"能力以培育企业"教师"队伍，在企业内营造"能者为师，相互为师"的学习氛围；加大对教育培训的投资；设计学以致用的教育方案，让知识在企业就地生根；变职能部门型的大企业为项目中心型的小组，让具有不同背景的人为同一项任务而工作，让不同领域的知识在相互碰撞中产生新的思想火花；削减"企业金字塔"的中间环节，增加信息沟通，降低学习成本。另外，企业员工也要把自己作为终身的学习者，制定终身学习计划，参与学习共享系统。

以上各种观念相互作用相互影响，构成了具有一定功能的企业观念创新网络系统，这个系统在企业创新网络系统中处于导向的作用，直接影响到其他创新网络系统的运行状况和运行轨迹。企业观念创新网络系统结构见图3-1。

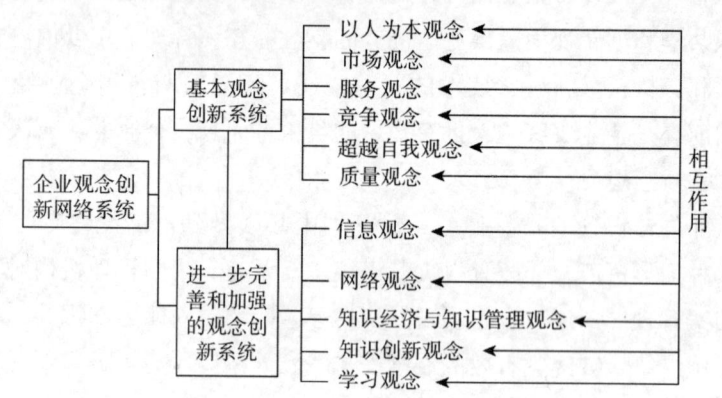

图3-1 企业观念创新网络系统拓扑结构图

第四章 企业技术创新网络系统

知识经济时代的到来,标志着人类社会发展又向前迈进了一步。经济的竞争实质就是企业技术创新的竞争,企业的竞争实力将主要取决于技术实力。企业进行市场创新争得市场份额、拓展生存空间、求得自身发展的最现实选择,就是不断推动企业技术创新。企业加强管理创新和制度创新将为企业技术创新提供有利保证和发展基础,观念创新将进一步引导企业进行持续的技术创新,产品创新将对企业技术创新提出更高要求并使技术创新实现其价值。企业技术创新网络系统属于核心创新网络系统,在企业创新网络系统中居于核心地位。其他各项创新都要围绕核心创新网络系统的运行进行,为其提供服务并配合其发展。在不同企业的不同时期,核心创新网络系统内容是不同的。

第一节 企业技术创新网络系统基本内容

一、技术创新网络系统的内涵

技术创新就是将技术变为商品,并在市场上销售并实现其价值,从而获得经济效益的过程和行为,它是涉及多方面的网络系统,是技术进步的核心。技术创新是一个以新的技术思想产生为起点,以新的技术思想首次商业化为终点的过程。所谓商业化,就是新的技术思想转化为正常生产和销售的新产品或正常生产中实际使用的新工艺。研究和开发是产生新的技术思想、技术方法的重要源泉。因此,技术创新可以分为研究开发前期阶段和商业化后期阶段两个阶段。技术创新又是一种能力,这种能力体现在市场机会与技术能力的结合上,是一种能够把握市场机会和技术机会、正确地做出创新决策、有效地实施决策并成功地引入市场的能力。

技术创新具有三个鲜明的特征:一是以市场实现程度和获得商业利益为检验成功与否的最终标准;二是强调从新技术的研究开发到首次商业化应用是一个系统工程;三是强调企业是技术创新的主体。由此可见,技术创新的基本思路是:以市场为导向,以企业为主体,以产品为龙头,以新技术开发应用为手段,以提高企业经济效益、增强市场竞争力和培育新的经济增长点为目标,重视市场机会与技术机会的结合,通过新技术的开发应用带动企业或整个行业生产要素的优化配置，以有限的增量，带动存量资产的优化配置。

企业是技术创新的主体。企业技术创新融汇在从新产品、新工艺的设想到开发，从生产到消费的各个环节。它包含了企业创新意识、研究和开发的能力、商业化生产水平和市场占有率等要素。企业技术创新的目的是在激烈的市场竞争中求得生存和发展。纵观成功企业的发展道路，无不显示了技术创新的巨大威力。强化企业创新意识，提高企业技术创新能力，建造企业技术创新机制，是企业成功的关键。

技术创新与通常所说的技术进步、技术改造既有联系，又有区别。联合国经济合作与发展组织（OECD）在1988年的《科技政策概要》中，对技术进步的阐释反映了学术界迄今为止比较一致的认识。技术进步通常被看做一个包括三种互相重叠又互相作用的综合过程。第一个要素是技术发明，即有关新的或改进的技术发明的重要来源是科学研究；第二个要素是技术创新，它是指发明的首次商业化应用，也就是新的技术思想转化为正常生产和销售的新产品或正常生产中实际使用的新工艺；第三个要素是技术扩散，是指创新随后被许多使用者采用。在技术进步的全过程中，技术创新主要是引入新产品、新工艺、新的生产方式，实现商业化，培育新的经济增长点。技术改造则是采用相对成熟的技术，提高现有企业的生产能力和技术水平，实现规模经济。技术创新为技术改造提供新技术源，它有利于提高技术改造的起点。技术改造为技术创新实现批量生产提供条件，同时让众多的企业采用技术创新成果，有助于使技术创新取得更广泛的社会经济效益。技术创新与技术进步、技术改造是紧密相连，相互作用、相互影响的。

二、技术创新网络系统运行主要内容

在知识经济时代，每个企业都要善于针对竞争对手情况，制定企业技术创新发展战略和主要目标，建立有效的企业技术创新网络系统运行机制，不断提高企业技术创新的能力。企业应注意从以下几个方面建立企业技术创新网络系统运行机制：

（1）企业技术改造要立足于创新，技术改造、引进要与自主开发相结合。

（2）加快企业与科研院所的结合。

（3）技术创新与市场创新等其他创新相结合。

（4）技术创新要与实现企业内部技术、组织的创新相结合。

对于各类企业，只有根据自身情况，注意从以上四个方面入手进行企业技术创新，才能保证技术创新项目的科学性、合理性、有效性，使技术创新真正成为企业适应市场变化、提高竞争能力、增强发展后劲、增加企业效益的根本保证，成为企业兴旺发达的不竭动力。

企业在激烈的市场竞争中赖以获胜的基础是具有强大的技术创新能力。企业的技术创新能力主要包括两个方面：一是发现新的生产要素或原有生产要素的新用途，以便大规模地提高劳动生产率，降低生产成本。二是提高原有生产要素的使用效率，同样达到提高劳动生产率、降低生产成本的目的。具体来说，企业技术创新能力具体体现在企业不但能够不断推出新的产品、新的服务，满足市场的消费需求，而且能够主动培植新的市场，并积极引导社会公众的消费。

三、企业技术创新网络系统运行基本原则

1. 坚持以市场为导向

需求是企业技术创新的动力源泉，用户与市场是技术创新的成功实现的最终落脚点。技术创新的目的是使企业在激烈的市场竞争中，获得竞争优势进而获得生存和发展，所以企业技术创新要以市场为导向，以产品为龙头，以科学管理为基础，以提高经济效益为中心，激发企业创新能力，提高企业的整体创新能力和科技成果转化为生产力的能力，形成市场、开发、生产、营销紧密结合的有利于自主创新的技术进步机制。通过实施重大技术创新项目和开发新产品，使企业拥有自主知识产权、高附加价值、高科技含量的名牌产品和专利产品，使企业的产品市场占有率和高附加值产品所占比重有较大提高，为企业创业的发展创造良好的生存环境。

2. 坚持以企业为技术创新的主体，并充分发挥国内外各方面科技力量的作用

企业是科学技术直接转化为生产力的场所。技术创新要以企业为主体，就是要使企业成为决策的主体、开发的主体、投资的主体、利益分配的主体和承担风险的主体，并建立起高效的技术开发体系，使企业真正拥有强大的技术开发能力。同时，企业还要充分利用科研部门、大专院校的科技资源，吸引国内外科技力量进入企业，与科研院所建立多种形式、长期稳定的合作关系，使这部分力量在促进企业技术创新中发挥作用。

3. 技术创新活动与企业常规活动相统一

企业技术创新发展与相对稳定运行两方面是相辅相成的，这是由企业内外部的必然要求和客观约束共同决定的。一方面，创新发展表现为增量性突变，是企业在激烈竞争环境中得以生存，并获得系统存量较大扩展的必要条件，也是形成新的稳定运行机制的先导。另一方面，相对稳定的常规运行表现为存量性积累，是创新开展的基础和资金的主要来源，增量获取须借助于存量的有力支持。因此，在特定约束条件下，不断寻求技术创新与常规，增量与存量间的优化协调平衡是企业成功的重要保证。实际中这种协调平衡是多方面的，如技术创新策略与规模总量的适当选择，新技术引入和改进扩散相结合，技术创新组织与其他组织间的相互交流合作等。

4. 超前进取与量力而行相结合

技术创新的超前性，即抢先占领市场或是技术水平上有自我突破。缺乏超前性，创新也就没有意义和价值。但是企业总是在一定经济技术条件下进行技术创新的，因此必须根据企业的现实可用的力量和条件进行技术创新，量力而行。但是量力而行绝不是消极保守，而是技术创新一旦展开后能稳步发展的慎重保证。技术创新不是专注于冒险，而是专注于机会与自我的结合。只有认真做到超前进取与量力而行、理性与感性高度统一，技术创新才能获得成功。

5. 坚持技术创新的系统推进

在技术创新活动中，企业应建立起开发、引进、改造紧密衔接的良好模式，把自主开

发与引进技术消化吸收、技术改造、质量管理、企业人才队伍建设等工作有机地、紧密地结合起来，充分调动各层次人员的积极性和创造性，要集中优势人力、物力和财力，注重创新学习，以迅速增加技术创新能力，系统地推进企业技术创新。

第二节　企业内部影响技术创新网络系统运行的主要变量

影响技术创新网络系统运行的企业内部变量是多方面的，其影响程度、方式和表现特点各不相同，并且经常相互交织在一起，使企业在创新实践中对其的辨识与控制显得更为复杂、困难。本节将着重从企业组织、技术和经济三个方面定性分析有关主要影响变量，以提高对企业技术创新网络系统管理的针对性和有效性。

一、组织变量

企业技术创新开始于人们思想观念上的突破，技术创新的主体是人，因此，组织变量是企业技术创新网络系统的首要变量。具体表现在企业成员素质、企业内部组织状态、信息系统和决策四个方面。

（一）企业成员素质

从技术创新活动角度看，企业成员主要分为三个层次：一是企业经营者，二是技术创新具体管理者，三是工程技术人员、营销人员及技术工人。

企业经营者是企业技术创新主体的核心，企业经营者自身创新素质和领导参与方式是企业技术创新能否兴起的关键。企业经营者对技术创新的影响作用主要有以下几方面：①最重要的是在企业中营造浓厚的创新气氛，通过制定多种措施引导创新活动自下而上地开展。②挑选配备强干的创新组织成员，特别是具体组织管理负责人。同时，促进与保障各方面在创新上的协调合作。③直接决定和监督技术创新中重要活动环节，如创新目标分解和主要行为的分工，确定资源总量，控制创新总进度等。④确定企业创新活动的评价标准，控制与监督有关创新活动的分配奖励实施。

技术创新具体组织管理者起着上传下达的作用，是企业创新思想聚光器和活动总指挥，对技术创新高效率实施有举足轻重的影响。创新管理者必须是多才的实干家，能够随技术创新过程发展而演好不同角色：在创新初期，是富有创造性的思考者；在创新中期，是机敏的协调员；在创新规模投入实现期是优秀的指挥家。

企业工程技术人员、营销人员和技术工人的素质状态也直接影响到技术创新。工程技术人员是创新中技术机会的主要发现者，企业许多技术创新起源于技术人员对外部先进技术信息的搜索追踪，对企业技术现状的改进设想。同时，技术人员是新技术知识在企业内部广泛扩散的传播者，技术人员不仅要勇于创造，而且要善于传播。营销人员应具有广泛的社会联系能力和敏锐的机会反映能力，尤其是企业技术创新中市场经营机会的主要发现者，其素质直接决定着企业同市场和用户的主动密切联系和创新产出的市场最终实现。工人（特别是一线技术工人）的技术素质对于技术创新规模实施和新生产体系有效运行有直接影响，一线工人的创新意识与责任感是企业上下群策群力寻求更多创新机会、分解缓和创新活动中矛盾冲突的重要保证。只有一线工人普遍具有较高技术素质，才能够保证按照新生产系统的技术要求迅速形成新的综合生产力，并不断提出与实施各种改进，获得技术创新最大整体效益。

（二）企业内部组织形态

企业内部组织形态从多方面直接影响技术创新。对于绝大多数企业来说，常规性生产经营活动始终是企业活动主题，也是技术创新活动的内部基础与保障，而创新活动具有非连续性特征。常规化活动主题在组织规范、统一与稳定方面的要求是企业组织特性的基本要求。即使是对技术创新本身，其对组织特性的要求在不同发展阶段上也有侧重。在技术创新中，良好的组织内部气氛对创新探索也具有潜在的影响作用。这集中反映在：一是建立在组织成员相互理解支持基础上的温暖和谐气氛；二是能够充分发挥个人创造积极性的平等竞争气氛。

（三）信息系统

信息是企业技术创新的重要资源，强有力的信息系统是创新成功的必要条件。在日益激烈的市场竞争中，企业间竞争集中表现为技术创新竞争，而后者又在很大程度上取决于企业对先进技术与市场需求信息的获取与利用。重要信息的获得与否，获得迟早，往往直接决定整个技术创新形成和成功与否。

企业在技术创新早期阶段较多地利用外部信息，以最大可能地识别把握环境机会与约束，正确决定技术创新基本方向、规模和形式。在技术创新不同发展阶段上，没有任何单一类型信息始终处于垄断地位，创新全过程是对不同信息的综合吸纳。只有充分认识信息及其流动方式的多样化，主动灵活地根据创新各阶段不同特点，侧重加强不同类型信息流动，才能取得最佳效果。

（四）决策

决策是一种组织行为，正确的决策是创新成功的首要前提。影响创新决策的因素，一是企业长期发展战略，二是企业创新决策机制。企业长期发展战略是企业未来发展方向与规模速度的基本设想和概括，在一定时期内具有相对稳定性，其从整体上决定了一定时期内企业在技术创新上的基本选择。长期发展战略不当，必然导致企业在技术创新上的片面倾向。

企业技术创新难度首先反映在决策上，而决策机制又是能否获得正确决策的关键。企业重要技术创新决策机制一般来说主要有三种：一是对话型，决策成员间采取对话协调方式相互沟通形成一致性决策。二是折中型，决策成员间不是依据见解的科学正确性，而是按权力地位来决定权重，平衡折中形成决策。三是强制型，决策成员间既无协商也不可折中，而是以相互争斗结局作为决策结果，这已不是严格意义上的决策。

从以上分析可以看出，以人为核心的组织变量是决定企业技术创新网络系统运行的首要变量。技术创新固然必需一定的物质技术条件，但创造这些条件也还是要靠人。任何企业，不论起点高低，只要具有强烈的竞争意识和团结奋进的精神面貌，就能知难而进，焕发出巨大的创新活力。因此，最根本的技术创新管理方法就是要不断改善企业内部组织环境，提高人员的素质，调动各方面的创新积极性。只有在充分信息量的基础上形成合理创新决策，才能保护与发挥创新积极性，为创新成功实施提供可靠的组织保障。

二、技术变量

技术变量对企业创新网络系统运行具有独特的直接影响。技术变量包含以下子变量。

（一）企业技术水平

企业技术整体水平，包括物化技术和组织管理技术，直接影响企业技术创新的全过程。如快速的信息收集与处理能力，使企业能时刻与市场和社会各方面保持密切的联系，及时准确地发现许多创新机会。较高的研究与开发（R&D）水平，保证企业能在较高技术层次上自我开发创新技术，并以相对较低的开发成本取得较大的技术竞争优势。优良的生产装备能使企业以较小新增投入，有效吸收和转化 R&D 进程或引进技术，迅速达到创新下的规模生产。总之，只有拥有较强的技术综合实力，企业才能站在同行业的技术前沿，抓住机会组织实施高水平技术创新，并迅速形成新的生产力，促进技术创新的实现。因此，作为技术创新的基本条件，企业技术基础水平往往比其经济实力显得更为重要。同时，也须注意到问题的另一方面，即在一定条件下，技术水平有时会使企业处于局部性领先地位，形成垄断利益，这常常抑制企业自觉地去追求更高水平的技术创新。

（二）创新技术选择

创新技术选择是指对创新技术对象、水平、结构及其发展过程的预测和确定，是企业创新中技术策略的具体化。创新中的技术选择主要包括四个方面内容：

1. 创新技术对象的选择

企业在进行创新技术对象选择时，必须把握以下几点：一是要与企业技术创新整体战略一致。二是不能局限于很小机会的重大技术突破，而是要抓住技术联系中的薄弱环节，发挥技术整体优势。三是充分估计到新技术本身的变化，尽可能选择有发展潜力的技术，以获取长远优势。

2. 创新技术层次与水平的选择

主要应把握以下几点：一是创新在技术领先方面有时间上的持久性。二是此类技术发展的历史轨迹和现时趋势。三是不同技术的优势与劣势确定上的差异。四是竞争者的技术选择和技术能力，以及可能存在的相关替代技术发展与应用现状。

3. 创新技术来源的选择

技术来源分为企业内部技术来源和外部技术来源。不同技术来源对企业创新能力、实现效益以及利益分配都有不同要求和影响。因此，企业要综合考虑自身实际和发展目标来选择不同的技术来源。在创新技术来源选择上，要特别注意外部技术来源的某些隐蔽性。企业只有尽可能拓宽自己的技术信息量，才能获得更多的技术选择机会，避免创新技术开发上的低水平重复。

4. 创新技术转让扩散的选择

在技术转让选择上应注意以下几点：一是转让的必要性。二是转让的恰当时机。转让过早，企业可能失去本可得到的创新实现更大经济效益；转让过晚，则会因被转让技术吸引力不足而难以找到理想的受让者，降低了转让价值。三是选择适当的受让者。

总之，技术选择在企业技术创新中占有相当重要的地位。企业必须全盘考虑自身条件和能力、创新技术状态、市场环境和竞争者等各种因素，合理选择创新技术的对象、层次水平、来源和转让扩散，才能保证以最佳的技术形态和技术手段，为技术创新成功实施提供可靠的技术保障。

（三）技术结构

技术创新除了依赖于较高的整体技术水平和适当的技术选择外，还必须借助于合理的技术结构和技术力量配置，才能使企业的技术能力得到充分发挥，适当的技术选择得到贯彻实现。企业技术创新的技术结构包括：①创新活动的技术构成。包括主要技术和辅助技术。②创新活动的技术力量配备。包括创新管理者、技术人员、一线工人的技术骨干、有关销售人员等。实践证明，技术力量配备不完善，仅靠技术人员的单方面努力，很难形成较强的企业整体技术创新能力，并获得技术创新的迅速成功。

从以上分析可以看出，企业整体技术水平、创新技术选择和技术结构都直接影响到企业技术创新网络系统运行情况。只有充分挖掘和不断提高企业技术能力，进行合理的技术选择，通过合理的技术结构，发挥各方面人员的创新积极性，才能为企业技术创新网络系统的有效运行提供各项可靠保障。

三、经济变量

技术创新活动是企业生产经营中的一项重要经济活动，创新活动的投入—产出具有特殊的经济特征，并且引起企业内部利益分配变动。因此，企业有关经济要素变量对技术创新网络系统运行有着直接的影响。

（一）市场竞争和经营危机压力

危机感是企业寻求技术创新机会的一个主要原动力。危机感主要来自市场竞争和企业经营状况方面，也可能来自技术或组织方面。企业危机感有两种：一是居安思危，二是居危思安。不论哪种危机感，对危机的感受力都是企业技术创新形成与发展的契机。危机感越强，企业进行技术创新的动力就越强烈，对企业技术创新网络系统运行的推动力就越大。

（二）经济实力

企业经济实力直接决定了企业技术创新规模强度，而创新规模强度对创新决策优化与实现效益又有直接影响。企业经济实力影响主要表现在两个方面：一是可供投入的资源增量，二是可调整利用的资源存量。

同技术领先垄断相类似，企业较强经济实力对创新也是一把双刃剑。其潜在负作用是企业具有较高市场份额和市场覆盖率，在一定范围内存在着的垄断增大企业对危机的承受阈值。企业容易过高估计自我而对竞争对手估计不足，忽视技术创新中技术水平与技术结构的合理选择，盲目高投入，降低创新效益。

（三）激励机制

激励是有效调动企业成员技术创新积极性的重要手段。虽然创新活动在评价上存在模糊情况，对创造性劳动的准确评价计量更为困难，但是企业要以自觉创造性、风险性及影响效果来综合衡量，并参考市场对相同人员的报酬进行激励。同时，对创新人员不能有所偏废，对创新要敢于重奖，要把激励制度化，而不是依个别人主观好恶来决定创新奖励。

通过以上分析可以看出，竞争与经营危机压力、经济实力及激励机制都对企业技术创新网络系统运行有很大的促进作用。应当避免把有关经济变量对技术创新的影响作用简单化的倾向，要综合分析各个变量对企业技术创新网络系统运行的影响，恰当地调整相关变量值以确保企业技术创新网络系统在最优轨道上运行。只有时刻保持紧迫的创新压力，才能使企业充满旺盛的创新活力，才能使企业技术创新网络系统沿着有序和稳定的轨道运行。

第三节 企业技术创新网络系统运行过程及管理

一、企业技术创新网络系统运行过程

技术创新网络系统运行过程是复杂的，它包括创新思想的形成、创新技术的获取、生产要素的取得、创新组织过程、创新效果展示与创新成果的扩散等六个环节。

（一）创新思想的形成

这是企业技术创新的第一个阶段。创新思想的形成主要表现在创新思想的来源和创新思想的形成环境两个方面。创新思想的形成环境主要包括市场环境、宏观政策环境、经济环境、社会人文环境、政治法律环境等。

1. 市场环境

市场环境对创新思想的形成起着至关重要的作用。市场上消费者需求的变动，供求关系的改变，资金的市场流向，市场竞争的程度，其他企业成功与失败的经验等，都可能成为企业技术创新思想产生的源泉。

2. 宏观政策环境

宏观政策环境是指政府制定的各项方针、政策对企业的引导和约束程度。由于政府是社会经济的宏观管理者，具有管理国民经济活动的高层优势，因此，它能够通观国民经济活动的全局，洞察国内市场和国际市场的变动方向，把握宏观总体的经济发展趋势和制定国民经济的宏观发展规划。另外，政府还掌握着一般企业无法比拟的、数额巨大的财力和

物力，进行基础设施、公共项目和政府认定的重要领域的投资活动。所以，政府部门制定的宏观经济政策，对企业技术创新思想的形成产生重要影响，因而宏观政策环境也构成了企业技术创新的重要因素。

3. 经济环境因素

经济环境因素是指企业创新时所面临的社会经济条件。一个国家的社会经济运行状况及其发展趋势将影响技术创新思想的形成。经济环境因素主要包括经济发展阶段、地区与行业的经济发展状况、消费者收入水平、消费者支出模式与消费结构等，这些因素都直接促成技术创新思想的形成。

4. 社会人文环境因素

社会人文环境因素是指社会的文化氛围、民俗习惯、消费心理等，这些因素也会影响创新思想的形成。

5. 政治法律环境

政治法律环境是指社会的民主气氛和法律法规的完善与实施状况。

创新思想的形成主要是认知领域的内容，这种认知领域的思想飞跃是在人的思想上和行动上相对自由的情况下才较易产生的。因此，创造宽松的社会环境，减少对人们在思想观念上的各种束缚，创造一种以创新求发展、以创新求生存、集思广益、百家争鸣的社会氛围，对人的创新思想的形成会产生重要的影响。当然，创新思想的最终形成还取决于企业自身能敏锐地捕捉市场信息，集中各种有益的创新思想。

（二）创新技术的获取

创新技术的获取主要有四种方式：①企业依靠自身力量进行技术创新。②企业与其他部门合作进行技术创新，这些部门可以是研究部门、高等院校，也可以是在某些方面有独到之处的企业等。③引进。引进又分为由国内引进和国外引进，引进内容可分为引进硬件和引进软件。④通过学习率先创新者的创新思路和创新行为，吸取成功的经验和失败的教训，购买或破译率先者的核心技术和技术秘密，并在此基础上改进完善进一步开发。

（三）创新投入

技术创新过程主要是把一个有关的技术设计（观念）变成产品的过程，也是把设计思想变成实用技术的过程。因此，技术成果的实用化是技术创新过程的核心环节。它所要解决的问题是如何才能使处于萌芽状态的技术成果转变为具有可操作性的实用技术，其目标产出是具体的设计蓝图和计划任务书以及具体样品。

在这个阶段，技术创新企业不仅需要投入大量的无形资产，如科学知识、实用技术、实施创意，而且要投入大量的有形资产，它包括：创新人员的投入、财力的投入、物力投入。由此可见，技术创新既涉及创新活动的技术方面，又涉及创新活动所需的各项要素的投入、组合和管理问题。

（四）创新活动的组织管理

确定了创新思想，获得了创新技术，投入了创新所需的各项要素，就要求对技术创新实施组织管理，就要实际对创新进行运作。这个运作过程也就是在创新思想指导下，将各类创新要素有机结合，组织实施创新的过程。

技术创新的组织工作主要包括两方面的内容：①按既定方向、既定运行程序组织各类要素，使之有机结合，实施创新过程。②在组织实施创新过程中，发现原定目标和原定程序需要进行纠正时，要及时进行必要的调整。创新的组织过程，是企业技术创新过程能否有效进行，能否获得最终成功的保证和基础。

（五）创新成果检验

创新成果投入生产过程后，要用必要的技术经济指标对创新效果进行检验。企业创新效果可以在经济指标、社会指标和产品的物理化学性能上得到反映。反映创新效果的经济指标，包括企业的产出指标、成本节约指标和产品的市场占有率指标，如资金利润率、劳动生产率、销售收入、成本利润率、材料消耗降低率等；反映创新效果的社会指标包括工作条件改善方面的指标和保护生态环境方面的指标；反映创新产品物理和化学性能方面的指标更多，如产品的性能、重量、成分、寿命、精度、纯度、外观、色泽、款式等。在反映企业创新的效果上，经济指标、社会指标和产品的物理化学性能指标常常是互相补充、结合使用的。通过技术创新活动，改进产品的物理化学性能，提高产品的使用功能，进而增强企业的市场竞争能力，提高企业的经济效益，并由此带来相应的社会效益。

（六）创新成果的扩散与市场销售

这是指企业创新成果在全社会的转让、推广和销售过程。这是企业创新成果充分发挥其社会效用的重要环节。扩散与市场销售可以使首先进行创新活动的企业通过有偿转让专利、技术诀窍，出售技术设备及相关创新产品等方式获得较高的经济效益。更为重要的是，创新成果通过扩散可以在全社会得到普及与推广，从而促进国民经济技术水平的整体提高。创新成果扩散包括扩散方式、扩散范围，以及对创新成果的保护等内容。

以上技术创新网络系统运行轨迹可用图4-1来表示。

创新思想形成 → 创新技术获取 → 创新投入 → 创新活动管理 → 创新成果检验 → 创新成果的扩散与市场销售

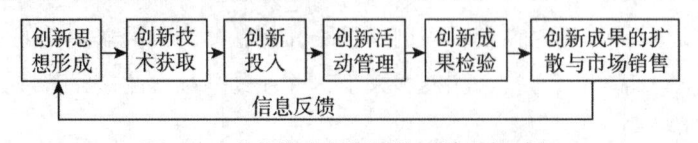

信息反馈

图4-1 企业技术创新网络系统运行过程

二、对企业技术创新网络系统运行管理

通过以上分析，技术创新网络系统运行是复杂的过程，因此，对它的管理也是对应性的过程。

第一，根据上节对影响技术创新网络系统运行变量的分析，在创新实践中，各主要影响变量不是孤立存在的，其相互必然存在错综复杂的关联性，一种自变量的变化不仅直接影响到技术创新网络系统，而且波及其他变量而产生多方面附加效应。在同类变量中是这样，如组织变量中良好的组织状态不仅直接调动企业成员创新积极性，而且对企业成员自觉提高自身素质，发展信息系统，保证科学决策都产生有力推动。不同类影响因素间更是如此。因此，在企业技术创新网络系统的管理控制中，不但要把握各变量的独立变化，还必须考虑诸变量的相关性影响作用。

第二，各主要影响变量不仅有不同效应及相互紧密联系，更重要的是由技术创新阶段性决定，这种作用与联系也具有动态特征，即随创新的阶段发展而不断变化。如技术变量中的企业整体技术水平变量，在创新前期主要反映为企业预测能力与应变决策水平，在创新中后期则主要表现为组织管理水平和创新学习扩散速度等。因此，清楚认识各主要影响变量及其相互联系在创新过程中的不同变化，才能及时采取针对性措施，达到全过程动态优化管理控制。

从以上两点分析可以发现，技术创新网络系统各主要影响变量是相互联系和不断变化的，这决定了较之常规生产经营管理，企业对技术创新活动的管理控制有更大的难度。降低这种难度的主动性的重要一点就是详细分析预测各主要影响变量在创新不同发展过程（本节第一部分所分析的）中可能出现的问题，以利于争取主动，充分发挥企业潜力，积极防备和及时排除其产生的消极作用，保证技术创新过程顺利发展与完全实现。

第三，企业技术创新网络系统就是一个动态系统，根据动态系统原理，系统当前状态只与前一时期状态和当前输入变量、变化有关，因此，系统有关主要输入变量及其变化直接决定技术创新发展状态。在创新特定短时期内，企业内部技术创新主要影响变量中，有些是可控变量，如技术选择所决定的创新技术状态和技术一致性、信息系统扩展等；有些则是相对不可控的水平常量，如企业整体技术基础水平等。因此，在进行创新实际管理控制时，首先必须抓住决策与实施两个主要环节，确定主要可控性输入变量。创新决策输入变量主要是长期发展战略与技术选择、企业领导层姿态及领导参与方式。实现输入变量有五个：组织结构、信息流、资源、人员流动与创新教育、有关人员和组织的关键作用。企业对技术创新过程有效的动态管理控制，就是针对创新不同发展阶段特点与要求，集中力量把握和及时调整控制这些主要输入变量，使其始终保持良好运行状态以获得技术创新最佳效果。

第四节　确保企业技术创新网络系统有效运行的网点

技术创新网络系统是由多种元素构成的，各种元素之间相互作用，构成了网络状技术创新系统。在这个系统中，有些是影响系统运行方向的关键点，把握住这些点就可以把握住系统的运行，我们把这些点叫网点。技术创新网络系统的网点主要有以下几个方面。

第一，善于把握市场机遇。技术创新强调从新技术的研究开发到首次商业化应用的转化。满足市场需求，获得商业利润，是检验创新成功与否的最终标准。所以，技术创新要始于市场、终于市场。企业要满足市场的需求，首先要了解市场，进而发现市场的现实需求和潜在需求，抓住市场机遇。一般认为，市场机遇主要来源于两个方面：一是市场拉力，即创新企业发现了新的市场需求，进而组织一定的资金、技术、人员、物力从事和完成与市场需求有关的技术创新。二是技术推力，即技术变化或技术创意产生新的产品发展方向，刺激市场需求，创新了市场。

市场拉力和技术推力是技术创新的催化剂，而以市场为导向的市场拉力式的技术创新，对技术创新的成功往往起着更为重要的作用。企业技术创新的实践表明，在有企业参与的几乎所有成功的技术创新的项目中，企业从一开始就有了明确的市场需求。尽管对市场前景还难以做出十分准确的判断，而且潜在市场可能会随项目的进展和市场的变化而有所变化，但企业必须从一开始就对市场需求有清楚的认识和了解，对创新项目可能给企业带来的效益有一定的估计。这同时也意味着企业必须做好商业上的准备，抓住创新项目可能带给企业的商业机会；而不是等到项目完成、新产品或新工艺开发成功后，再去研究市场。

第二，确定明确的创新目标。技术创新的目标要把技术可行性和市场机遇紧密联系起来，这也是拟定创新工作计划的基础。大量成功企业的实践证明，企业技术创新必须根据市场机遇和技术可行性，认真制定创新所要达到的目标。

一般说来，一个成功的技术创新项目，其目标应具备以下要求：简单明确；项目参与者认同；可实现性。创新项目的规模复杂性决定了定义简单明确的目标并不是一件很容易的事，所以创新活动一般应有几个核心内容，作为项目执行过程中遇到困难时的参考点，以便对项目的目标进行调整。事实也证明，成功创新项目不仅其目标简单明了，而且要有一定的灵活性。

第三，突出技术创新战略重点。技术创新战略，就是根据技术创新目标来构造其创新过程所遵循的指导思想，以及在这种思想指导下的一系列对规划、内容和程序等方面的决策。它具有全局性、长远性和可靠性的特点。企业在技术创新活动中要获得成功，必须制定有效的技术创新战略，突出重点，确定长期、中期和短期发展目标及相应的措施，并取得相互间的平衡。

首先，确定技术创新的战略意图。其次，确定战略意图实现的战略方案和战略措施。企业创新战略方案的重点是在与竞争者的比较中确定的。为了在技术创新中获取最大的技术和商业利益，创新参与者确定的创新子战略必须紧紧围绕自己的核心战略——技术战略（对于研究机构）或商业战略（对于企业），充分发挥各自的优势，扬长避短，提高效率。对企业来讲，协调好技术、商业和生产战略之间的关系特别重要。创新是一种持续过程，企业技术创新的长期战略就是要对产品和工艺进行持续不断的改进。

第四，选择适当的合作伙伴。一项成功的创新项目，往往是多方合作的结果。单靠企业自身经常是力量单薄，往往需要多方合作共同完成，这就需要选择合适的合作伙伴。首先，合作伙伴的选择要有利于形成互补性的伙伴关系。其次，要有适宜的合作伙伴的选择途径。再次，要兼顾法律约束和灵活性。最后，创造良好的人际关系环境。

第五，建立灵活有效的创新项目管理机制。从广义来讲，创新项目的管理就是控制和监督项目的进度和成本，完成创新活动的预期目标。为此，必须注意以下问题；一是建立有效的管理机制，二是选定创新项目的负责人，三是建立信息和人员有效交流的机制。

第六，及时签订完整和具有法律效力的合作协议。对于选择合作创新模式的企业来说，要及时同合作方签订合作协议。从研究、产品开发到商业化全过程来看，可分成独立、联合、合作三种形式，组合起来可形成五种形式：①协作研究；②合作开发、合作研究；③合作开发、协作研究；④联合开发、合作研究；⑤独立开发。无论哪种形式，涉及有合作的内容，都应及时签订合作协议，以形成稳固的合作关系。

合作协议的内容应包括：创新项目目标、创新经费来源、创新持续时间、主要负责人、创新项目参与者的职责、决策程序、创新工作的监督和管理程序、创新项目信息的管理，研究成果的所有权、研究成果的开发等。签订一个完整的合作协议的时机要因项目而异，当对知识产权和工业产权比较敏感时，在创新项目开始前就签订一个完整的协议是非常重要的。它对创新项目的顺利进行有重要作用。

第七，确保创新技术的保持与持续开发。创新技术的保持与持续开发是企业取得竞争优势的重要条件，也是企业赖以生存的基础。创新技术的保护取决于制度环境和技术性质。制度环境主要是知识产权保护制度环境。对技术来说，主要是指专利保护制度。我国已经初步建立了较为完善的专利制度。企业要充分利用专利制度来保护自己发明的专利技术，进一步提高专利意识，确保技术创新的持续发展。

企业除了用法律武器保护技术外，还可以利用技术的特殊性质来保护技术。这里的技术性质主要是指技术的可表达性，即技术是否容易用文字、公式、图表等表达出来。如果一项技术用图纸、说明书能准确表达出来，那么这项技术就不容易保护。如果一项技术难以用图纸、文字表达，而只能用演示、模仿等方式才能掌握，如中国烹饪技术、景泰蓝制作技术等，则易于保护。另外，有些技术尽管可以用文字表达，如药品、饮料配方等，但如果外人很难破译，则企业也可进行有效保护。因此，对企业来说，特别是依靠技术领先占领市场或以高新技术产业为基础技术的企业，应注意从两个方面加强技术保护：一方面是增强专利保护意识和法律意识，树立注册在先的观念；另一方面是围绕基本技术，开发一些易于保护的实施技术。

企业还要注重技术的持续开发。技术竞争在技术发展的前期主要围绕争夺产品的主导设计展开；在后期（主导设计出现之后）则主要围绕工艺开发和产品改进展开。

第五章　企业管理创新网络系统

企业管理创新网络系统属于企业创新网络系统中的企业保障创新网络系统，在企业创新网络系统中起到保障各项创新顺利实现的作用。企业各项创新的发展和实施都会涉及各个方面和各个环节，需要有效配置各种资源，建立各种激励机制。这就需要进行有效的组织协调，而随着企业创新的发展，对保障创新必然要提出新的要求，这就需要对企业管理进行相应的创新，建立企业管理创新网络系统，以保障企业创新网络系统的有效运行。

第一节　企业管理创新网络系统主要内容

一、企业管理创新网络系统在企业创新网络系统中的功能作用

管理创新是企业中各类创新的保障，没有相应的管理创新，技术等其他创新很难取得预期的效益。没有管理创新作为保障，技术创新、市场创新、制度创新等即使取得一时的成功，也很难确保持久，因此，管理创新是进行企业创新的重要保障。管理创新在企业创新中占有非常重要的地位。其他任何形式的创新，都需要经过企业管理职能逐步实施，都需要管理的各个层次具体执行。从这个意义上来说，管理创新在企业创新中处于综合统筹、指导协调的地位。因此，企业管理创新网络系统在企业创新网络系统中处于保障各项创新子系统实现其功能的重要地位。

管理创新是指为了更有效地运用资源以实现目标而进行的创新活动或过程。它与传统的管理职能不同。传统的管理职能主要包括计划、组织、领导、控制，它们都是保证资源的有效运用和目标的有效实现所必不可少的。管理的这四项基本职能，一般都有其固定的内容、工作程序和特有的表现形式，一旦展开，就具有其相对稳定性。创新则不同。管理创新是一个将资源从低效率转向高效率使用的过程，着眼于资源的更有效利用，尽管也有一定的规律，但它本身并没有某种特有的表现形式。它贯穿于组织的各项管理活动之中，通过组织的各项创新活动来表现自身的存在与价值。创新在整个管理过程中处于轴心地位，通过对计划、组织、领导、控制职能的创新，推动着管理向更有效地运用资源方向发展。

管理创新包括管理观念创新、管理组织创新、管理制度创新和管理方法创新。其中，管理观念创新是基础。没有思路就没有出路。改革开放中遇到的很多问题，我们之所以会感到束手无策，是因为我们的观念受到了束缚：我们习惯于在自己熟悉的范围寻找对策，事实上现在的环境与过去相比已发生了根本性变化。可想而知，在这种情况下，即使我们使出浑身解数，也无济于事。只有跳出原有的管理思维模式，才能"柳暗花明又一村"。而要跳出原有的思路，就必须进行管理观念创新。由于管理观念创新和管理制度创新又分别同属于观念创新系统和制度创新系统，而观念创新系统和制度创新系统在本书中有专门的章节进行论述，因此，在本章中就不再赘述了。

二、企业管理创新网络系统的运行

和企业的其他创新一样，一项管理创新从提出到取得成功，一般要经过以下四个阶段：提出创新目标阶段、创意生产阶段、创意评估与筛选阶段、创新实施与修正阶段（见图5-1）。

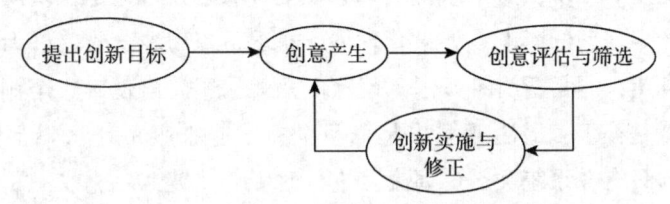

图5-1　企业管理创新网络系统运行轨迹

1. 提出管理目标阶段

管理创新目标是管理创新行动的指南，没有目标的行动是盲目的行动。因此，进行管理创新行动，必须首先明确创新目标。而且管理创新目标必须与组织目标保持一致，否则，管理创新就会产生很大的盲目性，导致管理创新的失败。

2. 创意产生阶段

有了明确的创新目标之后，还必须有创意。有了新观念、新思想、新方法的创意才会有创新，能否产生创意是关系到能否进行管理创新的根本，因而人们关注创意活动是十分自然的事情。要产生好的创意并非一件容易的事情，它受到人的素质、阅历、知识积累及当时各种因素的影响和制约。

3. 创意评估与筛选阶段

产生了许多创意之后，还需要根据企业的现实状况与资源条件、企业外部环境的状况对这些创意进行评估与筛选，看其是否有实际操作意义，是否能达到预期目标。在这个过程中，参与创意评估人员的选择十分重要，这些人员需要有丰富的管理经验、好的创造性潜能以及敏锐的分析判断能力，否则极易扼杀优秀的创意。同样，在评估最高管理者提出的创意时，如果没有外部专家采纳与评估，一个不符合实际的创意就很容易通过，并进入实施阶段，从而给企业带来极大的经营风险。

4. 创意实施与修正阶段

经评估与筛选后的创意，通过一系列具体的操作设计，变为一项有益于企业资源配置的管理方法，而且确实在企业的管理过程中得到了验证。创意的实施是整个管理创新过程中一个极为重要的阶段。许多好的创意往往由于找不到合适的具体操作方法而最终无法成为创新。如国有企业从分配的平均主义到按劳分配再到按贡献分配是一种进步、一种创新，但由于缺乏科学的衡量方法，最终还是难以消除分配中的平均主义，或只能采用"红包"等暗箱操作方式进行折中，使报酬激励功能难以充分发挥。

第二节　企业管理创新网络系统构成

一、企业管理创新分类

管理是一个复杂的系统，一个系统因素的改变可能会导致整个系统功能的改变，也可能对系统功能不产生任何的影响。如果管理创新缺乏系统的观念，就好像在一件开了洞的衣服上打上几个补丁，洞是暂时补好了，但穿上几天，还会出现第二个洞、第三个洞，补来补去，衣服上全是补丁，最后的结果是面目全非，连衣服是什么料都难以辨认了。因此，企业管理创新只有在系统关键的要素上进行改变与突破，才能取得最好效果。

企业管理创新与其他创新一样，可以根据不同的标准进行不同的分类。对管理创新进行分类的目的，是为了使我们在实际工作中能够针对不同类型的管理创新，采取不同的创新方法和管理手段，从而更有效地开展管理创新活动，确保企业管理创新网络系统有效运行。

（一）按管理创新的内容分类

管理创新根据创新内容的不同，可分为观念创新、方法创新和技巧创新：

1. 管理观念创新

是指能够形成比以前更好地适应环境的变化并更有效地利用资源的新概念或新构想的活动。

2. 管理手段创新

是指创建能够比以前更好地利用资源的各种组织形式和工具的活动，可进一步细分为组织创新和管理方法创新，其中组织创新是指创建适应环境变化与生产力发展的新组织形式和组织制度的活动，管理方法创新是指创造更有效的资源配置工具的各种活动。

3. 管理技巧创新

是指在管理过程中为了更好地实施对制度的修改、机构的重新调整或进行制度培训和贯彻落实、员工思想教育等活动所进行的创新。

在以上的分类中，观念创新是管理创新的先导，是一切管理创新活动的基础。例如，邓小平同志提出有中国特色社会主义建设理论，这一观念创新，奠定了我国经济建设各类改革创新活动的基础，并极大地促进了社会生产力的解放。组织创新是观念创新的根本保证，是观念创新的深化与延伸，而方法创新则加快了新观念的传播与扩散，提高了管理创新的效率。

(二) 按管理创新的性质分类

从创新的一般定义看，创新有两种含义，它既指对原有事物的改变，也指新事物的引入。据此，创新应该分为两大类：一类着重于对原有事物的改进，另一类着眼于新事物的形成。但从另一角度来看，对原有的东西加以改变，必然需要在原有的东西中加入新的东西，因此，创新又可简单归结为是新东西的引入。对原有事物的改进和新事物的形成这两类创新，只不过是创新过程中侧重面不同而已：是基于原有事物的成分多还是以新事物的成分居多。根据创新程度的不同，前一类创新可称为"渐变"性的，后一类创新可称之为"创造"性的。也就是说，渐变性创新主要是基于对原有事物的改进，创造性创新更多的是基于新事物的引入。例如，根据实践情况对现有的管理思想的实现方法加以改进或运用范围加以拓展，应属于"渐变"性管理创新；根据环境的新的变化得出新的管理思想，并在此基础上形成新的管理模式或管理方式方法，就应属于"创造"性管理创新。

在实践中，根据管理创新程度及创新点的不同，管理创新还可归结为三种类型：

(1) 重大管理创新。始于管理观念创新，从根本上改变了原有管理思想的创新或管理手段。如企业再造理论，它的提出就是起自对传统的分工理论的否定。

(2) 一般管理创新。管理基本思想改变不大，创新发生在管理手段和技巧上，而且与原方法相比变化不大，即主要是根据实际情况对现有管理思想的实现手段或运用领域、范围进行改进。管理技巧创新一般属于此类，另外，变化较小的管理手段创新如管理信息系统的进一步开发等也属此类。

(3) 综合管理创新。既有管理思想的改变，又有管理手段或管理技巧的改变，但变化程度不大的管理创新。如股份合作制、员工持股制度等的提出。

通过以上分析，我们可将管理创新定义为一个新的管理思想从提出到首次付诸实施并取得预期的实际效益的非连续性过程。我们提出管理创新着眼于资源的更有效运用，必须以成功的实际应用为标志，同时认为管理创新是其他各类创新的基础，是一个系统的非连续性过程，并将管理创新及创新点的不同归结为管理观念创新、管理手段创新和管理技巧创新；根据其创新的程度的不同将管理创新划分为渐变性管理创新和突变性管理创新，按创新内容和创新程度分为重大管理创新、一般管理创新和综合管理创新。由此所形成的管理创新概念体系，比较严格地限定了管理创新的内涵与外延，不仅将管理创新和组织中的其他创新相区别，而且将管理创新与传统的管理职能区别了开来。与此同时，在所建立的管理创新概念体系中，管理创新不仅包括了全新管理创新即重大管理创新（始于管理观念创新），也包括了改进性的管理创新（现有管理手段创新或管理技巧创新）。

二、企业管理创新网络系统的构成

(一) 企业管理创新网络系统的主要内容

在管理创新的内容分类中，观念创新是各项创新工作的导引，为各类创新活动指明方向，奠定了更有效地利用资源的基础；手段创新是对管理理念的进一步具体化，它使观念创新变得切实可行；管理技巧创新则保证了观念创新和手段创新能够为大家所接受，保证观念创新和手段创新能取得预期的效益，或进一步提高原有管理手段的有效性。三类创新相辅相成，形成一个完整的管理创新体系。

由此可见，在一项管理创新过程中，每一阶段都可以创新。也就是说，从内容上看，从创新目标的确立到新的管理方法的产生直到成功的实施，一个完整的管理创新过程必然要经过管理观念创新、管理手段创新和管理技巧创新。

（二）企业管理创新网络系统的运行过程

管理创新始于观念创新。创新者在实践中，通过对以往管理方法运用效果的反思，发现原有管理方法或管理思想中存在的缺陷或形成了诸如能否做得更好些之类要求更高的管理需求，结合现代科学技术和社会的发展，融合形成新的管理思想；或随着管理经验的积累，经过总结升华，产生了更新更好的管理思想。这是一个关键阶段，这一阶段中所形成的管理思想的正确与否，直接影响着后续工作的开展和管理创新的成败。

新的管理思想的提出，引出了一系列需要解决的管理思想实现手段问题，若基本上可用现有的管理手段实现，则问题较易解决，只需对现有管理手段进行综合适应性的小改小革即可；但若新的管理思想不能用现有的管理手段作适应性调整来实现，则需投入一定的人力、物力、财力进行研究与开发，进行管理实现手段创新。研究与开发是使新的管理思想得以实现，从而获得完整的新手段所必不可少的一步。管理手段按其功能和构成的不同，又可分为管理方法创新和管理组织创新。管理方法创新更多的是基于理论和科学技术的发展，管理组织和制度创新则更多的是基于管理实践。由于管理实现手段创新在大多数情况下是管理制度与组织方式的创新，因此新手段的形成与完善也可在一定程度上视作管理思想的组织化、制度化、规章化过程。一个新的管理思想只有经历了组织化、制度化过程才能成为现实的管理手段，发挥其应有的作用。而管理思想的组织化、制度化又常常带来新的组织形式、新的业务流程、新的管理制度、新的管理方法等管理创新成果。

为了实现管理创新的预期效益并进一步改进和完善新的管理手段，在管理思想组织化、制度化之后，创新组织者必然要求尽快地将管理创新成果投入实际运用，这就是管理创新的应用和推广阶段。在应用和推广过程中，为了适应各种不同的应用场合，使用者往往还需要对管理创新成果进行小改小革。在管理创新成果运用过程中，为了更好地实施对制度的修改、机构的重新调整或进行制度培训和贯彻落实、员工思想教育等活动所进行的创新，即为管理技巧创新。与管理观念创新、管理手段创新不同，管理技巧创新的重点应放在管理的实际应用上，而不是改变管理的内容或管理的实现手段。

将管理创新划分成管理观念创新、管理手段创新和管理技巧创新，是根据一个完整的管理创新过程中管理创新重点的不同来划分的。在实际创新过程中，从观念创新到管理技巧创新这一过程并不一定是连续的，也就是说，并不是每次创新都要经历观念创新、管理手段创新和管理技巧创新，这三个不同层次的创新可以在不同的时间、不同的组织中进行。例如，当某个企业提出"创新是企业的主要职能"时，该企业可能由于各种原因只是将这一新观念停留于口号；另一企业则可能在此观念影响下，进行管理手段创新，形成"创新型组织"管理体系；而第三个组织可以在向第二个组织学习的基础上，根据自身的实际情况，对如何实行"创新型组织"管理体系进行方法和技巧创新，总结出一整套的实施原则和相应对策。在这一过程中，没有观念创新，就不可能产生"创新型"组织管理体系和实施原则，而观念创新也只有通过管理手段和管理技巧创新，才能最大限度地发挥其价值和功效，从而最大限度地达到创新的目的。

（三）企业管理创新网络系统的实施

熊彼特在其著作中认为，企业经营者是创新的主体，也就是说企业中的高层管理者是管理创新的行为主体。这个观点很有代表性，也说明了企业经营者在管理创新过程中的重要作用，但这并不等于说管理创新主要就是企业经营者的事情。我们经常看到一个充满新思维的企业经营者在艰难地推动着企业的管理创新，却往往无功而返。这就需要我们回到管理创新的概念及管理创新的过程中去寻找原因。管理创新是指在运用资源以有效地实现目标的过程中所进行的创新活动或过程，强调的是创造一种全新的资源配置方式，并通过有效实施，取得预期的效果。在这里，最终的效果是最根本的。管理创新不仅以提出一种新的观念、新的方式、新的方法而告终，而是要求能实实在在地去实施，并明显地提高效益。如果仅是提出了管理方面的某一新招，无法实施或不能产生效益，那这种建议不过是一个点子或一种创意而已。事实上，我们许多企业经营者热衷于这种点子与创意，这是管理创新中的一大误区。"有识之士不少，有胆之士不多"，也说明我们缺乏的不是创意，而是把创意转化为现实的执行系统的执行能力。

因此，要进行系统的管理创新并达到管理创新的最终目的，必须清楚地明确组织中各类人员在管理创新过程中的角色。在一个组织中，管理创新主体是管理者，其中高层管理者起着决定性的作用。但这并不等于说管理创新主体就是高层管理者。高层管理者在管理创新中的定位与其说是管理创新的主体，还不如说是管理创新的推动者更为合适。因此，高层管理者应该更多地提倡创新理念，形成创新气氛，构建各种创新组织，制定创新激励机制，推动管理创新的持续开展，做一个管理创新的推动者。我们知道，成功的管理者需要具备较高的技术、人际、管理技能，但由于各个层次的管理者所承担的主要职责不同，因此对于不同层次的管理者而言，这三种技能的重要程度也是不同的。一般对于高层管理者来说，最重要的是要有管理技能，因为由高层管理者负责的计划、政策、决策都需要有理解各种事物间相互关系、洞察环境变化对企业影响的能力。而对于基层管理者说，由于他最接近于现场作业，所以技术技能格外重要。一个管理者应该做最擅长做的事情，而不是做每一件能做的事情。从各层次的管理者具备的管理能力来看，高层管理者应该更多地进行观念创新，中层管理者更多地进行组织与制度创新。基层管理者与一般员工则更多地进行管理方式与方法的创新。在一个组织中，各层次的管理者要明确自己所侧重的创新领域和各自管理创新的重点，从而自上而下地形成一个完整的管理创新体系。

三、建立企业管理创新网络系统的功能作用

福特汽车公司生产流水线的创新就很能说明系统管理创新和建立企业管理创新网络系

统的重要性。老福特提出"让工薪阶层都有一部福特车"的创新目标后，要实现这一目标并不十分容易，因为第一需要极大地降低成本，第二需要极大的生产规模，而这与当时汽车生产的模式是格格不入的，因此必须进行管理创新。首先产生了生产流水线、标准化生产等生产组织新观念。据此，管理部门进行了组织机构的调整和生产工艺流程、管理流程的重新设计。而生产部门与工程技术人员通过艰苦的努力，不断修改创意，设计具体实施方案。进行多次的试运行，最终完成了"生产流水线"的重大管理创新。这个生产组织管理方面的重大创新，使机械、电子类产品的制造过程与气体、液体的生产加工过程一样连续、不间断和可控，产品可以在生产线的末端源源不断地产生，开创了大规模生产管理模式的先例。

我们之所以强调系统管理创新与建立管理创新网络系统的重要功能作用，是因为目前我国管理创新中存在两大问题。一是把创新作为解决管理危机的一种手段，而不是一种管理活动的持续过程。人们往往试图通过建立一种管理制度，创立一种管理模式，构建一种新的组织构架，形成一种管理机制，而使未来管理一帆风顺，企业组织太平无事。企业组织的机器非要到运转不灵，才去改革与创新。这与技术创新、产品创新中存在的问题是一模一样的：产品创新单一，找到一个好的产品就死吃，直到吃死为止，然后再十万火急地去寻找与开发产品，而不是利用一个创新的产品带来的契机，创新第二个产品、第三个产品。二是能人创新现象。将技术创新与产品创新完全寄托给一个总工程师，管理创新都指望企业领导人员的创新思想和创新行为，创新与一般管理者无关，与普通员工无关。企业外部环境的快速变化与市场竞争的日益激烈，使我们更加清醒地意识到：企业创新指望某个能人的脑袋是远远不够的。比尔·盖茨是依靠创新发的财，但组建了公司之后，比尔·盖茨的身份就不再是一个单纯的发明家，而是微软公司企业创新的组织者、经营者、推动者。如果现在微软公司的发明创新还是靠盖茨一个人的脑袋，那么公司就不可能有这么强大的创新能力，微软公司的股票也就不会这么值钱。

因此，建立管理创新网络系统，完成由阶段创新向持续创新、由能人创新向群体创新的转变，是一个企业成功实施二次创新、三次创新的必由之路。实施管理系统创新与建立管理创新网络系统，可以使创新工作系统化、持续化、全员化、高效化，促进传统组织向创新型组织的转化，让员工从勤奋努力地工作转向更聪明地工作，从利用员工劳动的体能转向开发员工智慧的潜能。最有价值的劳动是创新性劳动。知识性员工对发展空间的要求比对利益空间的要求更迫切，更高。激励员工创新力、为员工的创新活动创造良好的环境是创新型组织的重要特征。我国的海尔集团为了挖掘员工的创新力，专门为员工设立了发明创新奖，并建立相应的机制，规定一个工人连续提出三个以上合理化建议被采纳后，可以晋升一级。对于有突出贡献的项目，企业设立了以工人自己名字命名的创新奖。在海尔公司的生产现场，随时可以看到很多类似"启明焊枪""晓玲扳头""云萍镜子"的牌子，这些都是对员工创造、发明的精神奖励，同时也激励着全体员工进一步致力于创新。"海尔人"认为，设立个人创新奖的意义不仅在于某项创新的贡献，更重要的是引导全体员工致力于管理创新、技术创新、市场创新，从而在工作中产生巨大的热情和动力。正是由于创新体系的建立，海尔才能不断地有新产品、新思想涌现，才能在激烈的市场竞争中不断地发展和扩大。

在企业管理创新网络系统的建立过程中，管理观念创新是各项创新工作的导引。为各类创新活动扫清思想上的障碍；管理组织创新为创新工作的全员化与持续化提供了组织保障；管理方法创新提高了创新效能，大大深化了创新领域。

第六章 企业市场创新网络系统

企业作为微观经济主体,存活和发展于市场之中,企业的技术创新和产品创新都必须通过市场才能实现其价值,因此,企业的技术创新、产品创新的发展必须有市场创新的跟进,而市场创新又需要有观念创新作引导,管理创新和制度创新做保证。随着现代市场经济的逐步发展,企业经营所面临的环境,其复杂性和不确定性正变得越来越强。一方面,影响企业经营的因素越来越多;另一方面,这些因素无时不在变化之中。市场环境的剧变、竞争的加剧,加大了企业生存和发展的风险,企业只有不断地进行市场创新,才能确保企业创新网络系统的有序运行,才有可能生存和发展下去。企业市场创新属于基础创新,企业市场创新的发展能为企业特别是企业创新的发展提供良好的发展条件和生存空间。

从我国的经济发展实践来看,我国自1978年开始了以市场化为取向的改革和对外开放,1992年正式把建立社会主义市场经济体制作为我国经济体制改革的目标。随着市场经济的不断发育成熟、市场经济体制的逐步健全以及我国加入WTO,我国的企业已经同样面临着上述这些共性的问题,需要不断地进行市场创新并建立企业市场创新网络系统。

第一节 企业市场创新网络系统的基本内容

一、企业市场创新网络系统的基本内涵

对于企业市场创新,从现有的文献来看,不同的学者由于其研究的角度不同、对问题的理解不同,因而对企业市场创新概念的把握便不同。这其中,有从企业技术创新的角度来研究市场创新的,有从企业市场营销的角度来研究市场创新的,也有从市场的组织功能角度来研究市场创新的(从市场的组织功能角度研究市场创新,与本书的分析关联不大)。

研究企业创新,是为了促进企业保持持续创新,从而达到长期持续发展的目的。把市场创新看作企业创新网络系统的一个子系统,需要我们从企业创新的整体把握企业的市场创新。因此,从企业技术创新的角度和从企业市场营销的角度来研究市场创新,仅仅涉及企业经营的一个方面,因而是不全面的。

第六章　企业市场创新网络系统

从企业经营和发展总体的角度来分析市场创新，我们把市场创新定义为：根据企业使命，在企业总体经营战略的指导下，通过改变企业原有的经营要素，或者引入新的经营要素，从而开辟新的市场，以促进企业的生存和发展的新市场研究、开发、组织和管理过程。从这个定义中我们可以看出，市场创新至少包含以下三个层次的内涵：

首先，市场创新应当体现在企业使命中。在现代市场竞争中，企业使命从最深层次上影响着企业的经营活动，从而决定了企业在市场上的竞争情况。企业使命，是企业为其经营活动所确立的价值观、信念和行为组织。由于企业使命规定了企业基本的价值取向、行为规范和经营宗旨，影响着企业的全部经营活动和企业中人的行为，因而决定了企业经营的成败与否。企业使命的重要性在于，不管人们是否清楚地认识到它的存在，它都是客观存在的，都在无形中发挥着作用。

其实，从企业发展的角度进行市场创新，这本身就是市场创新在企业使命中的体现。关注企业的发展，从企业的使命来看，是把企业作为一个生命体来看待的。通过包括市场创新在内的不断的企业创新，其目的就是使企业自身能不断地适应外部环境，在市场中能长期稳定地发展。

企业使命的规定，还涉及企业的经营活动方向，包括确定企业为之服务的顾客，如何更好地满足顾客，市场可能发生什么样的变化，消费时尚的可能变化是什么，如何变革产品才会起到引导消费的作用等问题，而这些问题，正是市场创新所要关心的主要问题，也就是说，企业使命的规定决定了企业市场创新的方向。

其次，市场创新应该体现在企业的经营战略层次上。伴随着社会和经济的不断发展，为适应经营环境剧烈变革的要求，现代企业普遍重视制定明确的经营战略，在战略的指导下从事经营活动。事实上，如同企业使命对企业经营的影响一样，企业如果没有制定明确的战略，也必定会按照一定的隐含战略从事经营活动，只不过由于战略的不明确，企业也就找不到明确的目标，从而失去前进的方向，损耗企业大量的资源，最终必定会在激烈的竞争中败下阵来。

企业的经营战略涉及企业长远的、全局的目标，以及企业为实现目标在不同阶段上所实施的不同的经营方针和政策。企业的经营战略所要回答的问题是，面对剧烈变化的市场环境，识别市场中存在的对企业经营不利的因素，寻找市场中对企业有利的因素，根据企业的优势和劣势，把企业的资源配置到最有效率使用这些资源的生产经营环节当中去，从而确立企业在市场中的竞争优势，促进企业的发展。

企业制定经营战略，通过分析外部环境，使企业在纷繁复杂的市场变化中，避开对企业经营不利的因素的影响，并找到重大的发展机会，这正是市场创新所需要回答的问题。企业制定经营战略，还需要企业有效率地利用所获得的资源，这是企业经营战略的最大功能；而企业的市场创新，也必然在一定的资源约束下进行，并需要进行成本和收益的分析。从这个角度来分析，企业的市场创新，也需要在企业经营战略的指导下进行。

最后，在企业的使命和经营战略的指导下，企业的市场创新涉及具体的创新模式的选择以及市场创新的具体运作。

二、建立企业市场创新网络系统的功能作用

首先,市场创新成功与否,直接关系到企业的前途和命运。企业作为一个系统,时时刻刻都在与外界进行着交换,发生着各种联系,并受外界环境的影响制约。市场创新能使企业内部形成一种创新机制,不断地调整和协调企业内部关系,使企业适应外部环境的变化,从而促进企业的发展。企业的发展史可以说是企业适应市场变化进行市场创新的历史,没有不断的市场创新,就没有现代企业的今天。

其次,企业是市场创新的直接受益者。这主要表现在以下几个方面:①市场的扩展与深化,扩大了企业生存与发展的空间。市场创新一方面可以使企业在原有市场基础上创造出新的市场,从空间上扩大企业市场范围;另一方面可以通过对市场进行细分,拓展企业的市场层次,另外还可以通过原有市场的重组创造出更大的市场增值。②市场的拓展促进了企业规模效益的提高。市场的拓展促使企业的分工和专业化水平提高,并使人、物、财等资源合理配置,大大节约了生产费用,提高了企业的规模经济,从而为进一步的市场创新活动创造了条件。③市场创新使企业减少了因产品生命周期而出现收益递减所造成的损失,使企业的市场范围不断扩大,市场占有率不断提高,从而获得较为持久的超额利润,为下一轮市场创新提供了强大的动力和财力。

另外,市场创新会引发市场结构的新变化。一项新产品的出现形成了一个新的产业,创造出一个新的市场,由于竞争者和仿效者的出现,使这一产品迅速扩散,新的市场也随之得到扩展,同时,竞争者会在新产品的基础上,继续研究开发,使新产品不断完善,市场的种类和层次也随之增多。这一切,都使市场的结构得到不断的完善。另外,市场创新一旦成功,在其鼓舞下,以及在创新利润和竞争压力的诱导、胁迫下,其他人便会成群地涌入创新的行列,形成创新浪潮,进而带动社会经济其他方面的相应发展,形成经济发展的高潮。

第二节 影响企业市场创新网络系统运行的外部变量

企业市场创新网络系统,总是处在一定的环境之中,与外界发生着各种信息、物质的交流。因此,分析企业的市场创新网络系统,必须先分析企业市场创新网络系统所处的环境,根据环境的不同特点,制定正确的经营理念和经营战略,来正确地实施市场创新。从目前我国企业市场创新网络系统所处的环境来看,影响企业市场创新网络系统运行主要外部变量有以下几个方面。

一、经济全球化和我国加入 WTO

经济全球化的实质是市场在全球范围内扩张并统一成为一个整体,从而使社会资源、

自然资源在全球范围内流动,实现资源的有效率配置。为适应经济全球化的趋势和我国经济发展的需要,我国自1978年开始实行对外开放,并于2001年加入WTO。经济全球化和我国加入WTO,具有正负两方面效应。一方面,经济全球化和加入WTO给企业市场创新带来了许多机遇:首先,扩大了市场范围,在WTO的框架下企业产品可以更容易地进入国际市场;其次,企业可以在更广泛的范围内参与国际分工、国际合作与国际竞争,从而使企业不断地增强其竞争意识和危机感,促使企业不断挖潜;再次,市场的交融、竞争的冲击,会促使企业不断地提高产品质量、增加产品品种、改善服务质量,从而更好地满足消费者多种多样的需求。但另一方面,也是不容忽视的一面,经济全球化和加入WTO使国际市场国内化、国内市场国际化,国际上通行的市场运作法则对企业提出的更高要求、国内市场被大量抢占和竞争的加剧,都给企业的生存和发展带来了严峻的挑战。这样,经济全球化和我国加入WTO,一方面使企业竞争的压力更大,从而进行市场创新的紧迫感更强;另一方面,也给企业提供了更多的市场创新机会。

二、知识经济的发展

信息技术的发展,知识经济社会的到来,从各个方面影响着企业的经营。首先,知识经济社会的到来,加剧了市场需求的多样性和个性化,对企业的经营和市场创新产生了更大的压力。其次,信息技术和网络技术改变了整个社会的结构,促进了企业组织结构的变革和企业管理基础工作的信息化,使企业组织处理信息的能力得到大幅加强,从而使企业能够适应市场环境的变化,进行合理的市场创新。再次,从企业的市场创新来看,一方面,企业可以在市场开发过程中引入新的科学技术成果,增加科技投入,不断地实现科技的产业化和市场化;另一方面,随着信息技术的深入发展、全球信息网络的建立、电子商务的兴起和商业交易方式发生的重大变革,企业可以借此直接地向顾客提供各种产品和多种新型的服务,从而不断地促进企业的市场创新。

三、我国经济的长足发展和买方市场的全面形成

我国自1978年实现改革开放以来,经济实现了持续、稳定和高速发展。从市场关系来看,国内生产能力的大幅度提高和国内市场开放进程的加快,使我国商品市场供求格局发生了根本性转变,买方市场全面形成。买方市场的出现,一方面给消费者带来了更多的实惠,另一方面也给企业带来极大的竞争压力:开工率降低,企业分化加剧,产品价格一降再降,产品利润率不断降低。另外,随着买方市场的逐步形成和市场竞争的不断加剧,消费者在消费习惯和消费方式上也更加成熟起来,他们更加理智,更加挑剔和更加追求个性。如何面对买方市场,如何面对日趋成熟的消费者,这些都对企业的经营和市场创新提出了严峻的挑战。

四、社会阶层、社会群体明细化和市场需求多样化

随着我国社会经济的不断进步,社会情况发生了复杂而又深刻的变化。由于社会经济

利益的多样化、社会生活方式的多样化和社会组织形式的多样化,不同的人由于能力不同、机遇不同、努力不同、受教育程度的不同、个性不同、背景不同,彼此慢慢地拉开了差距,分别进入不同的社会阶层和群体。这种社会阶层和群体的形成往往使人们的收入差距逐渐地扩大,消费水平也相应地拉开。另外,不同的社会阶层和不同的人们,在思维方式、行为准则、生活态度、个人偏好等方面也同样存在着较大的差距。社会群体,如从经济收入来分,可分为高收入阶层、中等收入阶层和低收入阶层;如从思维方式来分,可分为传统型、现代型和介于二者之间的中间型;再如从人们的追求来分,有的人以追求金钱为最理想的目标,有的人则追求个人的成就感和满足感,也有的人追求对社会的奉献,还有的人追求个人生活的品质等,多层次社会阶层和多种类型社会群体的形成是社会进步的一个重要标志。这种社会结构的变化,带来的是人们对社会需求的多样化、个性化,但也给企业的经营和市场创新带来了新的挑战。

此外,随着人类环保意识的增强,可持续发展观念的深入人心。当今世界各国政府都十分重视市场的绿化问题,制定市场发展规划,限制污染和推动市场的绿化。消费者也开始倡导绿色消费,极大地促进了市场的绿化。这一方面需要企业为了适应市场绿化的要求,必须开展绿色生产、绿色包装和绿色营销;另一方面也为企业的市场创新提供了新的方向。

第三节 企业市场创新网络系统的导向系统

根据本书对市场创新网络系统的概念和内涵的界定,企业要正确地实施市场创新,建立企业市场创新网络系统,首先要遵从企业的使命,并根据企业的经营战略,制定正确的市场创新策略。然而企业的使命仅是从一般意义上来规定企业的经营哲学和企业宗旨,前者涉及企业经营和竞争的一般方法论问题,后者也仅给出了企业经营和发展的大体的业务活动方向,并没有具体涉及企业的经营和市场创新策略。企业经营战略的制定,需要在企业使命的指导下寻找企业的发展方向,并制定相关的企业资源配置办法,也同样没有涉及企业市场创新的具体策略。因此,企业还必须制定具体的市场创新策略,按照一定的创新模式进行市场创新。

企业经营战略的制定和市场创新策略的确定,需要遵从企业的使命,但由于企业使命太笼统和一般化,因此需要把企业使命具体化。企业使命的具体化,需要结合企业使命和企业所处环境对企业经营的影响,并将之理念化,也就是我们平常所说的企业经营观念。制定企业经营战略和企业的市场创新策略,需要在正确的经营观念的指导下进行。根据当前社会的发展和企业经营所处的环境的变革,企业应建立如下市场创新网络系统的导向系统。

一、市场导向的观念

市场导向的观念也就是以顾客为中心的观念。市场导向的观念强调，市场决定着每一个企业的命运和前途，企业必须十分了解市场，要主动调查用户的需求，并在生产经营活动中满足用户的需求。企业要充分认识到，企业的生存和发展主要取决于能否及时地发现并满足用户的需求。因此，市场不再只是生产过程的"终点"，它应成为生产过程的"起点"。企业从设计产品开始，就要调查市场的需要，根据市场的需要设计、开发、生产产品，然后为产品制定适当的价格，选择合适的分销渠道，并让潜在顾客了解这种产品，实现产品的销售。产品销售后，还要进一步了解顾客对所消费商品情况的反馈，据此对商品加以改进。

二、市场创造的观念

当企业运用市场导向的观念从事经营和进行市场创新时，往往会出现这样的情况，即当企业看到市场上需要某种产品的时候，为了满足顾客的需要，许多企业开始经营同样的产品，结果造成了产品的积压和社会资源的浪费。那么该如何恰当地运用市场导向的观念呢？这就需要企业深化市场导向观念，不断地进行市场调研，揣摸和把握消费者偏好的变化，把过去那种盲目的"我跟市场走"，转变为"巧让市场跟我走"，以领先一步的产品，通过消费者教育等手段，引导消费，创造新的需求，并创造新的市场。

三、开放与合作观念

经济全球化、信息技术和网络技术的发展，将彻底打破国与国、地区与地区，以及部门单位、行业之间的封闭和隔阂，从而实现信息的共享、自由传输与转移，创造出一个崭新的、开放的社会结构。在这样的时代背景之下，企业如果不紧跟时代的步伐，自我封闭，不善于与各行为主体进行交流与合作，不善于容忍别人的文化和观念，其结果只能是自我淘汰。这就需要企业与供应商、中间商、顾客、竞争者等行为主体进行合作，组成联盟，实现信息共享，以最大限度地满足消费者的需求。

四、质量观念

目前我国企业与国外同类型企业相比，产品的质量和性能优势普遍不突出。因此，企业要提高市场竞争力，就应该合理运用质量竞争，树立正确的质量观念。企业应该认识到产品的质量不仅指技术质量（不同的产品有不同的技术标准，如国际标准、国家标准等），还应该包括消费者的认知质量，这是消费者是否接受企业产品的重要影响因素。同时，企业还应认识到产品质量具有稳定性（同一设计下的产品应具有同一性）和动态性（随着环境的变化而改变设计、变更技术标准）相结合的特点。

五、竞争观念

随着经济全球化的到来和我国加入 WTO，我国市场竞争的激烈程度进一步加剧，我国企业面临着国内与国际双重的竞争环境。因此企业应该树立全新的竞争观念，不仅要密切注视消费者需求的变化，而且要时刻关注竞争对手的竞争策略，开展包括产品品种、款式竞争、质量竞争、价格竞争、服务竞争、技术竞争、人力竞争等方面的全方位竞争，突出自己的特色，树立企业的良好形象。并要转变过去那种"不把竞争对手置于死地，决不罢休"的观念，要善于保留、培养竞争对手，向竞争者学习，使自己有不断进取、不断开拓的动力，也就是树立"竞合"的观念。

六、绿色经营观念

随着人类环保意识的增强和可持续发展观念的深入人心，企业必须树立以环境和资源保护为核心的绿色经营观念。这种观念要求企业的经营应该把经济效益、社会效益和环境效益结合起来，在维持经济增长的同时，努力保持与环境的和谐，改善人们的生存环境。这种观念要求企业在生产过程中要尽量少使用资源，产品的生产和消费要尽量不污染环境。这种绿色经营，不仅受到政府和社会各界的保护和支持，更受到消费者的欢迎。企业进行绿色经营，是企业进入市场的永久"通行证"，它将有助于企业树立良好的形象，提升企业的竞争力，更好地促进企业的发展。

第四节　促进企业市场创新网络系统运行的外部输入变量

企业的市场创新，是通过改变企业原有的经营要素，或者引入新的经营要素，从而开辟新的市场来进行的。那么，企业应从哪些方面来改变原有的经营要素，又应该如何寻找到新的经营要素呢？在企业发展过程中，哪些企业市场创新系统外部因素促进企业市场创新的发展呢？下面我们就促进企业市场创新发展的外部因素进行分析。

企业创新网络系统的运行是处在一定的环境之中，并受环境的影响，而环境具有复杂性和不确定性这两个显著的特征。环境的复杂性是指影响环境的因素有很多，环境的不确定性则是指这些因素的变化程度越来越大。同时，企业作为一个系统，其经营本身也会涉及许许多多的因素，企业内部的情况也同样具有复杂性和不确定性。影响企业创新的内外部因素固然会给企业经营带来许多风险，但同时也为企业创新发展带来许多机遇。这就需要正确和有效地利用这些因素，进行合理的市场创新并建立市场创新网络系统。这些因素包括新的生产资料、新的生产对象、新的生产手段、新的生产技术、新的生产工具、新的生产组织等各种生产要素，也包括新用户、新需求、新用途、新方法等各种新的市场资源，而这些新的生产要素之间和新的市场资源之间以及它们之间的相互组合具有多样性，因此企业可以利用的促进企业市场创新发展的因素是无穷无尽的，只要企业能有效地利用这些因素进行合理的市场创新，就能不断地获得发展所需要的动力。具体来讲，促进企业市场创新网络系统运行的外部输入变量可以有以下几个方面。

第六章　企业市场创新网络系统

一、企业的研究和开发

市场创新可以通过将各种新的科学技术成果商品化与市场化来进行，而企业的研究与开发可以完成产生、吸收和转化新的科学技术成果的重要功能，因而是促进企业市场创新的重要因素。企业通过从事基础性研究，可以产生出一些新的科学技术成果，使企业拥有新的生产要素和市场资源。企业通过从事应用性研究，可以及时吸收最新的科学技术成果，并将之转化为新的商品，开辟新的市场。这需要企业既要重视开发企业内部的技术资源，又要充分吸收和利用企业外部的各种新技术成果。另外，企业通过从事开发性研究，根据本企业的实际情况，合理选择并充分利用企业内部和外部的各种新技术成果，形成许多新的市场概念，并将之商品化和市场化，从而实现市场创新。

二、企业市场营销

在现代企业组织机构中，市场营销部门是一个重要的职能部门。由于市场营销部门既了解企业外部的市场需求，又了解企业内部的生产技术条件和能力，作为企业与市场联系的中介，市场营销可以成为促进企业市场创新的重要因素。具体来讲，企业可以根据市场的需求情况改变产品的设计、组成、包装、用途和功能，通过改变产品的商标名称、广告构思、价格、分销渠道等，来实现市场创新。

三、企业用户

企业用户作为市场需求的主体，其需求、设想和意见等都可以成为促进企业市场创新发展的重要因素。企业的新产品推出以后，用户在使用过程中发现了新的矛盾，产生了新的需求，用户将这种需求反馈给企业以后，可以促使企业进行新的创新；或者用户并不将需求反馈给企业，而是进行自行改进和创新，这也可能成为企业市场创新的来源。当然，在一般情况下，用户可能不能或不想正确地表述自己的市场需求，用户也可能缺乏有关企业制造等方面的技术知识，因此，企业一方面应该重视用户的意见，加大对用户研究的力度，另一方面也应该采取有效手段，获取可行的市场创新促进力。

四、企业供应商

企业的经营需要多种经营要素的投入，比如企业的生产需要投入一定的设备和原材料。企业在购买这些设备和原材料的时候，可以从供应商那里获取新的技术、新的工具和其他的新材料等新的市场要素。由于生产的社会化和分工与专业化的广泛联系，决定了企业之间的市场联系，每个企业都会与众多的供应商发生联系，因此供应商有可能会成为促进企业市场创新的重要因素。比如，供应商提供给企业新的生产设备和生产工具，供应商提供给企业新的原材料和新的零部件，供应商提供给企业技术方面的服务和指导，以及来自供应商的企业成本降低等，都是促进企业市场创新的重要因素。

五、企业市场竞争者

企业在市场中需要面对激烈的竞争。为了竞争和发展的需要，众多的竞争者都在不断进行市场创新。企业可以根据其竞争对手的市场创新要素和市场创新行为，形成对本企业进行市场创新的压力。由于不同的企业在市场中的地位和实力不同，因而具有不同的市场创新优势。企业可以分析和研究竞争对手所推出的新产品和新服务，分析和研究竞争对手的生产技术、组织管理、广告创意、分销渠道、促销方式、定价策略、用户服务等市场竞争方式，从中发掘适合于本企业的市场创新方式，及时地进行相应的市场创新。

六、企业市场合作者

现代企业普遍采用各种联合和联盟等形式，通过与其他企业进行合作而参与市场竞争，比如组建企业集团，比如建立各种经济技术业务联系，比如采用战略联盟等。因此，企业外部的市场合作者就成为企业市场创新重要因素之一。那些市场竞争能力稍弱的企业，可以通过合资、合营、合作开发等多种方式，来引进和开发新的技术、新的设备、新的材料或新的产品，进行市场创新。而那些市场实力较强的企业，也往往能够从其他合作者那里获取有利于企业的各种经营要素，从而实现市场创新。

为了更好地利用好企业内部和外部的各种促进市场创新发展的有利因素，企业应该在经营活动中充分重视信息的收集、处理与加工工作，为此需要建立必要的企业信息处理系统，认真选择和输入以上六个有利于促进企业市场创新网络系统运行的外部输入变量，控制好这些外部输入变量就会有利于掌握企业市场创新网络系统的运行方向，从而有利于促进企业的市场创新，详见图 6-1。

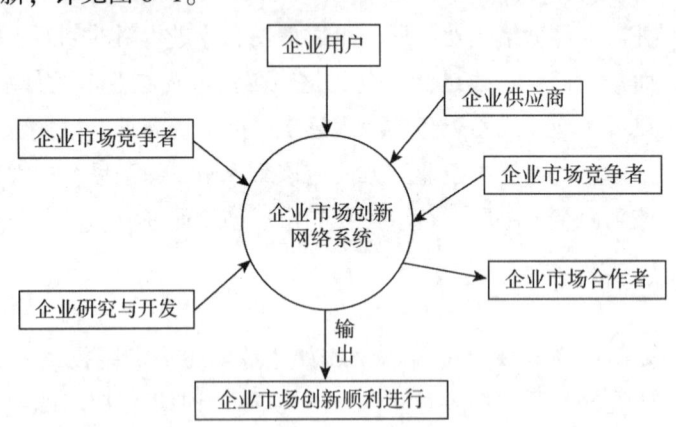

图 6-1 促进企业市场创新网络系统运行的外部输入变量

第五节　企业市场创新网络系统的运行机制

企业市场创新网络系统运行必然表现为一定的作用过程，这个作用过程是一个系统的运行过程。企业市场创新，首先是在企业的使命和经营观念的影响下进行的，在此基础上，表现为多种因素对企业市场创新网络系统运行的影响和制约。企业市场创新网络系统运行机制，是企业的产业选择、产品创新、市场创新的来源选择以及管理创新等几个方面综合作用的结果。

一、进行市场创新的战略决策——选择合适的产业

企业市场创新的产业选择实际上指的是企业的经营战略选择。根据现代战略管理理论，企业的经营必然是处于一定的产业之中进行的，因此，企业必须选择一个适于自己经营和竞争的产业，对此做出战略决策。当然，企业经营的产业选择可以是市场上已有的并且比较成熟的产业，并对已有的产品进行一定的模仿和创新，或者是通过新的技术变革创造一个新的产业，并引领市场竞争。其实，企业的产业选择包含在企业的宗旨当中，但是，当市场上出现了新的比较重大的技术变革以后，往往需要就企业发展的方向做出战略决策，这就需要对产业进行重新选择。企业经营所处的产业明确以后，企业就可以根据本产业的实际情况，选择适合于本企业经营的产品并进行创新，根据市场创新的需要组织创新来源，从而不断地进行市场创新。

二、正确实施产品创新

企业所选择的产业是通过一定的产品表现出来的。企业的产品及其创新，不管是有形的物质产品，还是许多无形的服务类产品，都是企业市场创新赖以实现的表现形式，企业的市场创新最终必然表现为企业的产品对相关市场一定的占有，包括企业原有产品进入新的市场，或者通过生产新的产品巩固原有市场和进入新市场。

企业产品创新，包括设计和开发新产品、提高原有产品的质量和功能、增加产品品种、优化产品组合等方式。企业产品创新，应从整体产品概念出发，注重全方位地满足消费者对一种产品的全部需要。所谓整体产品，是指产品由核心产品、延伸产品和附加产品组成。产品的创新，不仅包括核心产品的革新和改造，也包括在延伸产品和附加产品方面的提高和完善。具体来看，企业可以从产品性能、产品形式、产品品牌和产品服务这几个方面进行。

三、准确地选择市场创新的切入点

企业在进行市场创新的时候，需要根据各种创新来源，选准市场创新的切入点。企业

的市场创新可以分别从企业的研究和开发、市场营销、用户、供应商、市场竞争者和市场合作者等方面寻找来源。这需要对相关的信息进行大量的分析,在此基础上,选择企业市场创新的切入点。在实践中,为了尽量避免或减少市场创新的风险,在选择创新点时,企业应认真考虑以下因素:①企业的市场创新要符合市场的需求。不管多先进的生产技术,多优良的产品,如果不符合市场的需求,开辟新市场就只能是一句空话。因此,在选择市场创新点时,应认真地做好市场的分析与调研工作,选择企业生产和社会消费中迫切需要解决的问题作为创新重点。②要讲求技术经济的可行性。在选择市场创新点时,应认真地从主观和客观两个方面考虑是否具备取得成功的可能性。企业的市场创新会受到技术、物质和能力这三方面条件的限制,市场创新点的选择要尽可能做到技术先进性与经济合理性的统一。③要符合经济技术发展的方向。市场创新点的选择要符合技术发展方向,符合产业发展前途,符合可持续发展的要求。④注意发挥本企业的优势。要尽可能多地利用现有资源,比如利用现有生产设备来生产新产品,利用现有技术力量来开发新产品,利用老品牌和老字号向市场推出新品种等,以充分发挥本企业的市场创新优势。

四、以管理创新和制度创新作为保障

企业的市场创新需要企业以管理创新和制度创新作为保障。为了实施市场创新,企业需要进行观念变革,需要投入包括人力资源在内的各种资源,需要进行组织结构的变革,需要进行合理的组织和领导,需要进行有效的激励等,并将之制度化,这些都是企业管理创新和制度创新所需要回答的问题。

总之,企业的市场创新系统是企业创新网络系统的一个子系统。要建立合理的市场创新系统,需要在企业使命的指导下,变革企业的经营观念,并制定合理的经营战略,在经营战略规定的范围内进行。企业的市场创新,需要根据企业内外部的情况,合理利用市场创新来源,选准市场创新的切入点。企业的市场创新,还应以企业的技术创新、产品创新、管理创新和制度创新等作为支撑。对我国的企业而言,由于我国社会主义市场经济体系尚不完善,在观念变革和管理创新等各个方面,都与市场经济发达国家的企业有相当大的差距,而我国又面临着经济全球化和加入 WTO 的挑战,故更需要抓住有利时机,不断地进行市场创新,提高企业的竞争能力,促进我国企业的不断发展,从而提高我国经济的整体实力。

第七章 企业产品创新网络系统

企业创新是企业面向市场竞争，不断推出新的产品，开拓新的市场，并围绕着产品和市场的变化，持续地发展和改造企业自身的结构和目标的活动。也就是说，企业的创新表现为企业能不断地推出被市场接受的产品，这也是企业创新需要实现的目标之一。企业必须能够在广泛的市场范围内，根据市场需求的特点，协调高效地利用与产品开发活动相关的资源，解决产品创新过程中可能出现的各种问题。由此可见，企业创新最终要体现在能持续不断提供符合市场需求的新产品，企业需要不断地开发满足持续多变的市场需求的产品。企业是否具有持续的产品创新能力，是保证企业持续发展的关键。因此，为了保证企业的持续不断发展，企业需要建立起比较完善的产品创新网络系统，并将产品创新网络系统纳入到企业创新网络系统中。

企业产品创新网络系统是企业创新网络系统的一个子系统。具体来说，企业产品创新是在企业的观念创新、制度创新、管理创新和市场创新等企业创新各子系统的支持下进行的。

第一节 企业产品创新网络系统的基本内容

一、企业产品创新网络系统的含义

从现有的文献来看，国内外关于企业产品创新概念和内涵的界定有多种方式而且并不统一。经济合作与发展组织对产品创新的界定是：为了给产品用户提供新的或更好的服务而发生的产品技术变化。浙江大学许庆瑞教授认为，凡是技术创新活动引向开发新产品的，就可称之为产品创新。清华大学傅家骥教授认为，产品创新，即创新的目的是得到新的或有某种改进、改善的产品，包括工业设备。而武汉汽车工业大学胡树华教授认为，根据美国西北大学科特勒博士对产品的定义，产品应包括核心、形式、附加三个层次，它们构成了产品整体，现代企业产品创新是建立在产品整体概念基础上的以市场为导向的系统工程，是由多种要素组成的网络系统；从单个项目看，它表现为产品某项技术经济参数质和量的突破与提高，包括新产品开发和老产品改进；从整体考察，它贯穿产品构思、设计、试制、营销全过程，是功能创新、形式创新、服务创新多维交织的组合创新——创新网络系统。我们赞同后者的定义。

首先，产品创新概念的界定是建立在对产品概念界定的基础上的。从对产品概念的界定来看，以前人们仅从产品的物质属性来定义产品，即把产品看做以某种辨认形式而估价的一组物质属性，通常具有一般能为人们所理解的称呼（商品名）。而现代的产品概念已超越了这一点，并运用整体产品的概念来定义产品，即现代产品包括核心产品层、形式产品层、延伸产品层等三个层次。还有的学者（傅家骥，1998）认为，产品的这三个层次讨论的都是在产品和用户关系的范畴之内，没有涉及产品与产品之间的联系，是一种相对孤立的产品观，从长期和动态发展的观点来考察产品与产品之间的联系，产品层次还应该再加上一个扩张层，即新产品技术的出现可能导致某一产业及相关产业的加速发展，甚至形成一个全新的产业，与此相对的产品就称为产品的扩张层。一般认为，整体产品的具体含义如下：

1. 核心产品层是产品最基本的层次

它代表消费者在使用该产品的过程中和使用后可以获得的基本消费利益，提供满足顾客需要的最根本的使用价值，即产品的功能和效用。它是用户购买产品的目的，是满足顾客的核心内容。

2. 形式产品层是产品的第二个层次

这是产品组成中消费者或用户可以直接观察和感觉到的那一部分，通常指产品的品质、外观、包装、品牌和设计，是核心产品的载体。企业的设计和生产人员将用户的核心利益转变为有形的产品才能出售给顾客，即形式产品是满足顾客需要的各种具体的产品形式。

3. 延伸产品层是产品的第三个层次

它是指在核心产品层及形式产品层以外，产品所提供的服务项目，是顾客购买产品时得到的附加利益的总和，如送货上门、安装、保修、售后服务等。

整体产品的概念理论为合理定义产品创新提供了理论基础，即企业产品创新是建立在整体产品概念基础上的以市场为导向的系统工程。依据整体产品和企业产品创新的定义，我们就可以把创新产品大致划分为如下几类：①技术型创新产品，即一般意义上的创新产品，它对应的是产品核心层或有形层的变革，这类创新产品是由于科学技术的进步或工程技术的突破而产生的。②市场型创新产品，即这类新产品同原有同类产品相比较，产品的核心层并没有什么本质的变化，仅因为采用了新的营销手段或者产品进入了新的市场领域，使消费者在使用过程中得到新的满足，因而被消费者认为是"新"的产品。③复合型创新产品，即介于这二者之间的产品创新。这里需要指出的是，对一个企业来说，其内部的产品大致有四种类型，即现有产品、改进产品、变形产品和全新产品，其中，只有第一类产品不能被看作新产品，企业的创新产品包括后三种产品。对企业来讲，只要是第一次生产经营的产品，企业就会在不同程度上面临着技术和管理方面的新问题，就是创新产品，而不管它是不是市场上已有的产品。

二、产品创新对企业发展的功能作用

1. 产品创新是企业发展的重要保证

科学技术的进步和社会文化的发展,带来了企业市场环境的大变革,即通常所说的复杂性和不确定性。一方面,以信息技术为代表的科学技术进步速度的加快,使产品的技术含量越来越复杂和多变,需要企业不断地进行技术替代和重组;另一方面,经济全球化的发展,使企业面对着可能来自各个方面的竞争对手,竞争的核心也从数量和价格向质量和品种转移;这种变革所带来的影响是消费者在追求高质量的产品和服务的同时,更加追求个性化的产品,消费心理日趋复杂;这也使企业所面临的外部环境随时都在变化,变化成了常态。这样的市场环境使企业面临着更高的风险,但同时也降低了市场壁垒和大企业对市场的垄断程度,为新的市场进入提供了更多的机遇。因此,产品创新成为企业生存和发展的内在要求,产品创新与企业成败有着明显的相关性。研究显示,利润大的企业,往往新产品储备丰富、创新性强。而缺乏创新的企业则经常面临着市场变化的沉重打击,这就是通常所说的:不创新,必死亡。

2. 日趋激烈的多样化市场环境也使产品创新成为企业技术进步和市场竞争的客观需要

现代的竞争已发展到了以产品为载体的面对面直接的较量,需求的多样性、产品的精细化,迫使企业需要不断地进行技术创新、市场创新以及建立在这二者基础上的产品创新,只有这样才可能使企业在市场上立于不败之地。当前,从发明到创新的周期越来越短,产品更新的速度越来越快,企业产品开发的目标也越来越高。这一方面使企业所面临的竞争更加激烈,另一方面企业也只有通过加速产品创新才能面对市场和竞争。

第二节 企业产品创新网络系统的运行策略

一、企业经营战略功能决定企业产品创新网络系统运行策略

在具体分析企业产品创新网络系统运行策略之前,需要指出的是企业使命和企业经营战略对企业产品创新网络系统运行策略的影响。首先,由于企业使命规定了企业基本的价值取向、行为规范和经营宗旨,影响着企业的全部经营活动和企业中人的行为,并且涉及企业基本的经营活动方向,包括确定企业为之服务的顾客、如何更好地满足顾客、市场可能发生什么样的变化、消费时尚的可能变化是什么、如何变革产品才会起到引导消费的作用等企业经营的基本问题,因此,企业使命的规定就指导着企业经营战略的制定以及具体的经营策略的选择,包括企业产品创新网络系统运行策略。其次,由于现代企业一般都会在企业使命的指导下制定企业的经营战略,而企业经营战略又确定了企业长远的、全局的

目标，以及企业为实现目标在不同阶段上所实施的不同的经营方针和政策，因此，企业产品创新必然是在企业经营战略所确定的框架之内进行。企业的经营战略所要回答的问题是，面对剧烈变化的市场环境，识别市场中存在的对企业经营不利的因素，寻找市场中对企业有利的因素，根据企业的优势和劣势，把企业的资源配置到最有效率使用这些资源的生产经营环节当中去，从而确立企业在市场中的竞争优势，促进企业的发展。企业制定经营战略，通过分析外部环境，使企业在纷繁复杂的市场变化中，避开对企业经营不利因素的影响，并找到重大的发展机会，在企业产品创新上，就是指选择和确定企业经营所在的产业，在自己擅长的产业领域内进行相关的产品创新。企业制定经营战略，还需要企业有效率地利用所获得的资源，这是企业经营战略的最大功能；而企业产品创新，需要企业制定具体而又详细的人力、物力和财力投入计划，并根据企业产品创新的具体实施过程来调整企业资源的投入，或者遵照原计划执行，或者追加投入，或者放弃这一次的产品创新，这实际上就是企业在进行成本和收益理性分析的基础上，在企业内进行合理的资源配置，从这个角度来分析，企业产品创新，当然更需要在企业的经营战略的指导下进行。

二、企业产品创新网络系统运行策略选择

在企业产品创新网络系统运行的具体策略选择上，根据本章第一节的分析，企业产品创新需要在技术和市场二维的框架之内进行分析，也就是说，企业产品创新是企业技术创新程度和市场创新程度高低之间不同组合的结果。这里按照企业技术创新和市场创新程度的不同组合，将企业产品创新大致分成四种类型，相应地形成四种企业产品创新网络系统运行的策略。

1. 差异型产品创新网络系统运行策略

产品创新的重点，是在特定的市场中形成与同类产品之间的差异。由于这类创新产品其技术与市场的创新程度都较低，所对应的是产品形式层或者延伸层的程度相对比较低的创新。

2. 市场型产品创新网络系统运行策略

主要是通过使用新的营销方式和手段而实现的创新，或者是以新市场作为目标市场创造新需求，所对应的是产品形式层或者延伸层的程度相对较高的创新。

3. 技术型产品创新网络系统运行策略

其重点是应用新技术、新原理来解决现有产品或相对成熟市场中存在的问题，以提高市场占有率。实现这一策略的关键，是确定技术在现有产品或成熟市场中所具有的成本或质量优势，并通过技术创新来实现和保持这些优势。因此，对这类产品的创新更多地是从提高产品的技术含量入手。这一策略与差异型企业产品创新网络系统运行策略的不同之处主要在于产生差异所采取的手段不同。前者是通过技术创新（如计算机产品的不断创新）取得垄断地位，后者则可能通过对现有技术的组合或者低程度的市场创新来赢得竞争优势。技术型策略的应用基础是对技术的积累。

4. 复合型产品创新网络系统运行策略

该策略要求在技术与市场两个方面同时进行创新。这类新产品对开发人员和消费者都比较陌生，为此在开发中需要结合企业和用户来进行，这样开发人员就有机会引导用户使之对产品产生一定的认识。这类产品的购买过程通常很长，失败的可能性也通常较大。这类产品在一定时间内可能具有垄断性，价格不是这类新产品开发的重点，而功能、特色、服务甚至企业形象等，成为技术开发和市场推广中特别关注的问题。

以上对企业产品创新网络系统运行策略的划分，仅仅是依据与产品创新相关的技术创新和市场创新程度的不同组合而做的一种大致的划分。企业在具体选择产品创新网络系统运行策略的时候，可以依据企业经营的实际情况，输入更多的变量，来制定自己的产品创新网络系统运行策略。比如本企业的规模大小、在市场上的竞争地位如何、企业可以利用的人力、物力和财力资源情况如何等。考虑多种变量以后，企业在制定产品创新网络系统运行策略时，就可以更清晰地了解自己应该选择什么样的策略。以上四种产品创新网络系统运行策略构成企业产品创新网络系统运行策略体系的主要内容，这四种企业产品创新网络系统运行策略是相互联系、相互影响的，可以综合使用，也可以根据企业情况分别进行。

企业产品创新网络系统运行策略选择的重要性在于，一旦企业选定了自己的企业产品创新网络系统运行策略，实际上就决定了企业为实现产品创新而需要进行的技术创新、市场创新、管理创新和资源配置等多方面的经营情况，也决定了为实施产品创新而进行的创新机制过程和组织。因为产品是企业竞争力的具体表现，其他方面的经营和创新必须为实现更具竞争力的产品创新而努力。下面将具体探讨企业产品创新网络系统运行的过程和协调机制。

第三节 企业产品创新网络系统的运行过程和协调机制

一、企业产品创新网络系统运行过程

企业产品创新网络系统是按照一定的运行过程进行运转的。所谓运行过程，是指一个或一系列连续有规律的活动，这些活动以确定的方式发生或执行，并导致特定结果的实现。企业产品创新网络系统运行过程涉及企业产品创新的主要内容和具体的创新步骤。

一般来讲，企业产品创新网络系统包括产品技术开发、产品生产开发和产品市场开发这三项主要的活动。企业的产品技术开发是指企业把新的思想、新的构思等转变为新的产品原型或者样品的过程，包括产品开发构思创意，研制产品原型或者样品，对产品原型或者样品进行测试、评价以及筛选等工作。企业的产品生产开发是指企业把新的产品原型或者样品转变为新的产品的过程，包括产品中试、工艺流程设计、产品标准制定、工装及模

具设计与制造、工作方法与劳动定额确定等工作。产品市场开发则是指企业把新产品转变为市场上所需要的新商品的过程。企业的产品市场开发可能涉及产品创新的全过程，包括从构思开始的市场调查与研究、市场测试与评价以及制定市场营销计划等多项工作。企业产品创新的这三项活动，依据产品创新的程度不同，可能会依次进行，但更多的是相互交织在一起，贯穿于产品创新网络系统运行的整个过程。具体来看，企业产品创新网络系统运行过程可以进一步划分为以下几个步骤：

1. 确定企业产品创新网络系统运行策略

根据本章上一节的分析，企业产品创新首先要在企业使命和企业经营战略的指导下，根据企业所处的环境和企业可以利用的资源情况，确定与产品创新相关的技术创新和市场创新的程度，进而确定企业产品创新的具体策略。企业产品创新网络系统运行策略的确定实际上就确定了产品创新活动的目标、总体框架和基本方法等相关的问题。

2. 建立产品创新活动的组织结构

企业产品创新网络系统运行策略不同，其涉及的技术创新和市场创新的程度便不同，需要企业投入的各种资源也不同，需要相关人员的分工与协作也不同，产品创新涉及的活动范围也因而有大有小，为此就需要根据企业产品创新的程度来确定相关的组织结构。

3. 构思

依据市场需求和本企业的技术储备，进行创新产品概念的构思。有关创新产品的概念可以从各种渠道获得，如用户的需求或者竞争对手的创新，实验室里的科学发现及重大的技术发明等。构思的概念还需要进行初步的评价和反复改进，以便为进行下一步骤提供条件。

4. 评价和筛选

对构思的创新产品概念进行筛选和评估，其目的是剔除许多不切实际的设想，以及开发成本可能过高的设想。评价和筛选是一个非常关键和复杂的步骤。说它关键，是因为过了这一关的构思，就要被投入到实际的开发阶段，如果不成功，企业就要付出极大的代价；说它复杂，是因为需要使用多种评价方法才能选出真正符合企业经营实际的构思来。

5. 可行性分析

从技术、制造和商业的角度对创新产品概念进行可行性分析。

6. 设计开发

对创新产品的设计开发，包括研究与开发、工程设计和其他开发产品原型等方面的活动。

7. 测试

对创新产品的测试，包括使用测试、各种形式的市场测试等多种测定创新产品市场反应的活动。

8. 创新产品的制造与商业化

这一步骤包括确定创新产品的市场投放策略，确定目标细分市场、营销计划及市场投放时间，以及与供应商的联系等活动。

第七章　企业产品创新网络系统

需要指出的是，上述产品创新网络系统运行的各个步骤，虽然理论上可以做出这样的划分，但实际上它们常常是反复的或者循环进行的，如构思概念与筛选概念可能要重复多次才能进行可行性分析；如果创新产品的构思不能够通过可行性分析，则必须重新回到构思概念的活动，并循环往复。每一个活动的存在及其完整性对于确保创新项目的成功是至关重要的，企业产品创新网络系统运行过程如图7-1所示。

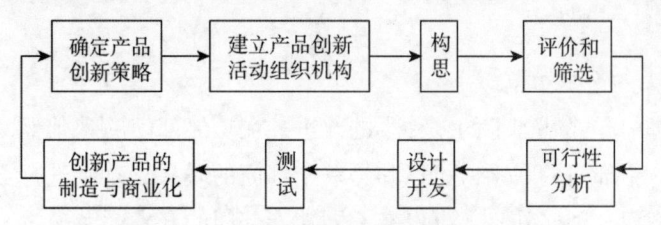

图 7-1　企业产品创新网络系统运行过程

二、企业产品创新网络系统运行的组织与协调机制

企业产品创新网络系统运行总是在一定的组织结构和协调机制下进行的。企业实施产品创新所要采用的组织和协调机制，根据产品创新的程度不同而有所不同，其中，企业产品创新的程度又是由与此相关的技术创新和市场创新的程度所决定的。由于企业所处市场的不确定性程度也在很大程度上决定着企业可能的产品创新程度，因此，企业可以根据产品创新的程度和所处市场的不确定性程度，来具体选择相应的产品创新组织和协调机制。

企业产品创新的组织和实施过程，通常是由多个职能部门的工作者共同努力完成的。每个部门工作者的努力固然十分重要，但是不同部门之间的合作与协调也同样重要。否则，就会由于开发中难以避免的冲突得不到妥善的解决，以及涉及多个部门的设计问题得不到及时的处理等原因，而使大量的人力、物力和财力白白地消耗浪费，整体的效果也就有可能不尽人意。因此，建立起一种有效的协调机制就显得十分重要。产品创新的实施总体的组织结构，其功能就主要表现为一种协调各部门开发人员之间工作的机制。这种机制应该能够针对特定问题、特定环境的需要，支持适宜的信息交流水平，并提供决策和冲突调解机制。因此，企业产品创新中的各种人力、物力、财力以及各种要素构成企业产品创新网络系统。在企业产品创新实施的实际过程中，可以有许多种组织和协调机制供企业进行选择。根据陈国权等的研究，企业产品创新网络系统运行的组织和协调机制大致有这么几种：

1. 传统功能部门的组织协调

功能部门方式是传统上普遍采用的一种产品创新网络系统运行的组织和协调机制。在功能部门方式中，每一个功能部门在保持相对的独立性的前提下，完成开发过程某一阶段的任务。在每个功能部门内部，信息流动呈垂直的特点，信息从开发人员上传至部门经理，部门经理的决定再逐层下达到底层的开发人员。在开发过程中，当一个功能部门完成了相应开发阶段的工作后，才能将产品的开发工作转移到下一个部门进行，下一个阶段的开发工作才可以启动。不同功能部门仅在开发各阶段的首或尾进行接触，整体的过程是顺序串行进行的。因此,不同功能部门之间的交流和冲突的调解只能通过功能部门经理来完成,开发人员在不同的功能部门之间不具有直接的交流途径。在一次交流中,信息往往先要上行到本部门的经理,再通过经理之间的联系到达目标部门,最后下行到达信息的最终接收者。由于这种信息传递渠道正规而又迂回,因此功能部门方式仅仅支持少量的信息交流。在功能部门方式中,部门的独立性是最主要的优点,部门经理可以比较容易地控制某一阶段开发的进行。

2. 开发联系人的组织协调

这是在功能部门方式基础上的一种小的改进。在功能部门的基础上,每个部门设置一些开发联系人,一个部门的联系人可以和另一个部门的联系人直接进行交流。这样,信息的交流除了通过部门经理之外,还可以在不同功能部门的开发联系人之间进行。但是,联系人不具备冲突调解的权力,这一权力仍由部门经理掌握。可是开发联系人却可以通过积极的活动,对冲突的解决产生有益的影响。通过设置开发联系人,在功能部门正规而又最小化的联系渠道上,附加了少量直达的通路,从而能够促进不同部门开发人员之间的合作与交流。

3. 特别任务组的组织协调

在特定的项目中,企业可以建立由暂时确定联系关系的开发联系人所共同组成的特别任务组。由于直接联系渠道的确定化,交流水平得到进一步加强。但是高层经理仍然对开发进行着控制,例如分派任务、调解冲突等。当一个项目完成之后,确定的联系关系就解除了。如果另一个项目还有需要,可以再建立另一种暂时确定的联系,形成另一个特别任务组。

4. 集成经理的组织协调

与特别任务组不同的是,在这种组织和协调机制中,出现了专门从事开发协调的经理人员。他们通过各部门的开发联系人协调开发过程,但是同样没有对开发过程的决定权力。正式的权力仍然在部门经理的手中。集成经理只能通过说服、鼓励等活动来促进开发的顺利进行。不过,通过设置专门的集成经理,可以使信息交流的水平进一步提高。

5. 矩阵结构的组织协调

如果每个开发者同时既向所属的部门经理负责,又向所从事开发项目的项目经理负责,就形成了矩阵结构。如果部门经理对应矩阵的列,项目经理代表矩阵的行,矩阵行列交叉处的元素就是开发者。与集成经理相比较,矩阵结构中的项目经理,对产品开发项目具有比较正式的权力。这种方式比集成经理更加强调了项目开发的总体协调,因此协调水平也更上了一层楼。

6. 跨部门设计团队的组织协调

跨部门设计团队,是将一批不同功能部门的开发者集合起来,共同完成一个创新产品的开发项目。跨部门设计团队有自己的领导,而各部门经理对开发工作不再具有直接的权力。开发人员主要向项目经理负责。开发过程的大部分冲突调解和决策制定在团队的内部进行。这时,开发人员之间的联系十分紧密,高强度的信息交流成为可能。尤其是当实现了工作的集中之后，开发人员之间就可以进行面对面的双向交流，协调水平达到了较高的层次。

7. 设计中心的组织协调

当跨部门设计团队成为一种固定的组织时，就形成了设计中心。在一个开发项目完成之后，跨部门设计团队通常会解散，为新的开发项目重新组建团队。设计中心则不然，虽然会有少量的人员变动更替，但是设计中心将基本上维持相对的稳定性。也就是说，设计中心不只是针对某一产品的开发而建立，随着时间的推移，它将完成多个开发项目。

在这些组织和协调机制中，跨部门团队由于其具有较高的协作交流水平，而在大部分研究中被肯定，并在实践中得到较为广泛的应用。采用跨部门团队，由于问题的发现者和解决者通常在同一个团队之中，因此从问题发现到解决的时间缩短了。而功能部门的方式由于涉及多个功能部门的问题，因而不可避免地需要较长时间才能使问题得到解决。此外，多个功能部门的开发人员一起进行产品最初的概念和规格设计，可以从多个侧面考虑问题，比较全面地考虑开发和后续生产各个阶段的要求。这就减少了在今后的开发中，由于各种设计不合理导致的问题（特别是下游阶段的问题）出现的可能性，减少了为解决这些问题所投入的时间和人力的耗费。

但是，采用跨部门团队也并不是没有缺点。由于每个开发人员只有先熟悉团队的工作方式，才能真正发挥团队在交流水平等方面的优势，因此，从团队的组建或者新队员的加入到团队的正常工作之间，将会有一个初始的协调适应阶段，这就会造成时间上有一定的耗费。一般来说，当产品的创新性较高、项目开发的难度较大时，由于开发人员之间需要更多的相互依赖和交流协作，从而需要较强交流水平的组织和协调机制与之相适应，采用跨部门团队方式就比较恰当，而功能部门方式就无法支持其所需要的协调水平。但是，当产品只是在原有的基础上进行小规模的改进时，由于开发者对类似产品的开发过程十分熟悉，对可能遇到的问题也有充分的认识，只需要较低水平的交流，就没有必要采用跨部门团队的组织和协调机制。

第四节　企业产品创新网络系统运行的管理模式

企业产品创新是建立在产品整体概念基础上的以市场为导向的系统工程，并贯穿于产品的构思、设计、制造、试制和营销的全过程。根据以上分析，企业产品创新的组织和协调机制有多种方式。这些组织和协调机制的共同点是，由来自不同功能部门，具有不同专业技能、知识和经验的开发者组织起来共同完成企业产品创新。与企业产品创新组织和协调机制的这个特点相适应，在管理的模式上，企业应该采取集成管理（亦即实施系统管理）来实施产品创新。

从系统的观点看，一般意义上的集成就是将两个或者两个以上的要素（单元或者子系统），按照一定的规则聚集、综合成为一个有机的整体，以提高有机系统的整体功能。集成的概念最初出现在计算机集成制造的概念里，它强调借助计算机将企业中各种与制造有关的技术系统集成起来，提高企业适应市场竞争的能力。但我们现在更多的是把集成理解为一种思维方式，一种基本的观念或者方法论，是解决系统复杂问题、提高系统整体功能的方法。

产品创新是创造性融合的过程，集成的含义远远超出其一般的意义。运用集成的思想指导产品创新过程中的管理行为实践，通过创造性的思维和竞争合作机制将产品创新运用的各种生产要素优化组合，可以为用户创造新的更多的价值。企业采用集成管理的模式实施产品创新，可以增进产品创新的各个基本活动之间、各个部门之间以及不同开发人员之间的交流与协作，协调和解决它们之间的矛盾、脱节和对立，从而建立起有效的组织和协调机制。它打破了传统的部门分工的组织和协调机制，能够跨越功能部门的障碍，促进整个产品创新过程的柔性、适应性和敏捷性，进而增强企业适应环境变化和持续发展的能力。

从以上的分析我们可以清楚地认识到，由于我国市场经济发展相对滞后，企业的经营观念和管理方式比较落后，难以适应当今多变的市场环境，无法敏锐地把握市场机会，而集成管理可以很好地发挥组织和人的积极因素，增强企业的适应性，因而对我国企业产品创新能起到良好的促进作用。因此，在我国企业产品创新中推广集成管理的模式，既具有非常深远的意义，也具有现实的紧迫性。

第八章　企业制度创新网络系统

企业创新网络系统中的观念创新、技术创新、市场创新、管理创新、产品创新等网络系统的运行，都需要企业制度创新网络系统的有效运行作保证。企业制度创新属于活力创新，企业制度是解放生产力，激发企业发展的动力机制，因此，只有建立好企业制度创新网络系统并确保有效运行，才能确保企业创新网络系统的顺利运行并实现其运行目标。如果企业制度创新网络系统运行与其他创新网络系统运行不协调，就会影响到整个企业创新网络系统的功能发挥，影响到其他创新的发展，企业创新网络系统将缺乏运行的动力来源。

第一节　企业制度创新网络系统的概念

一、企业制度创新网络系统的概念

(一) 企业制度的概念

分析企业制度的概念还需要从"制度"这一概念入手。在中国经济体制改革过程中，学术界引入并广泛应用了新制度经济学的理论和概念。

制度是指一系列被制定出来的规划、守法程序和行为的道德伦理规范，它旨在约束追求主体福利或效用最大利益的个人行为。制度提供了人们在其中相互影响的框架，确定协作与竞争关系，从而构成一个社会，特别是构成一种经济秩序。相对应的，企业制度则是在企业这一特定范围内的各种正式和非正式规则的集合，它提供企业成员之间相互影响的框架，约束企业及其成员追求效用最大化的行为。

在为组织提供基本规则和框架时，企业制度的具体功能有三点：导向功能、激励功能和协调功能。导向功能是指企业制度能够指导企业经营方向的选择，引导稀缺资源的配置和使用功能；激励功能是指企业制度诱导各类参与者提供符合企业要求的贡献的功能；协调功能则是指通过制度安排，使各类参与者在企业经营的不同时期朝着共同的方向努力，使他们在追求各自目标最大化的同时，有利于实现企业的总体目标的功能。企业制度是通过经营权利和利益的分配来实现上述功能的。

企业制度的发展经历了一个形成与发展的过程。在这个过程中产生了许多具体的企业制度形式，主要形式有三种：个人业主制、合伙制和公司制。三种形式在时间上有连续性，在空间上有并存性。在现代市场经济中同时存在着三种企业制度。

(二) 企业制度创新的定义

尽管国内研究企业制度创新的文献有很多，但是明确给出企业制度创新定义的并不多。已有的定义是多从企业创新或企业制度的内容等角度来对企业制度创新下定义的。

学术界公认熊彼特是"创新理论"的创始人。熊彼特认为，创新是企业经营者对生产要素的新的组合。熊彼特认为创新有五种形式：新产品、新技术、新材料、新市场和新的组织形式，但是他并没有提出制度创新的概念。一般认为，是诺思等人将产权和交易费用的概念引入制度形成和制度变迁理论，形成了制度创新理论。该理论中的制度创新具有一般性，企业制度创新只是以企业为主体的制度创新活动。在借鉴熊彼特的创新理论的基础上，在国内，常修泽等人较早地对企业创新进行了研究，给出了企业创新的定义："企业创新是指企业在生产经营过程中建立新的生产函数，或将各种经济要素进行组合的经济行为"。并将企业制度创新进一步定义为："随着生产的不断发展而产生的新的企业组织形式"。这里的企业组织特指企业产权组织。可以看出这一概念是一个静态的概念。

在明确企业制度的概念，以及对国内学者的企业制度创新的定义进行分析之后，本节将对企业制度创新重新定义：企业制度创新是指以企业为主体，为更好地实现企业制度的功能，在收益与成本评价的基础上，在制度供给的范围内设计新型的企业制度的过程。下面将具体描述企业制度创新的含义。

二、企业制度创新网络系统的运行内容

(一) 企业制度创新网络系统的主体是企业

尽管企业进行制度创新的基本制度环境是由政府规定的，但是企业的创新主体地位必须予以强调。尽管在我国经济体制改革的过程中，采取的是政府主导性的制度改革模式，但是对于企业制度创新来说，政府不应当也不可能代替企业而成为企业制度创新的主体。从中国经济体制改革的目标来看，政府不应当成为企业制度创新的主体。中国经济体制改革的目标是建立社会主义市场经济体制，在这个过程中，需要不断地强化企业的市场主体地位，而政府的角色则应当逐步转变为"游戏规则的制定者"。两者的目标、职能是不相容的。因此由政府来代替企业进行制度创新，从小的方面来说，不利于企业市场竞争主体地位的确立，从大的方面来说则不利于中国经济体制改革的顺利完成。从企业制度创新的实践来看，政府也不可能代替企业制度创新的主体地位。中国企业数量众多，规模不一，条件不同，其制度创新也必然要有自己的特色。如果由政府来设计企业的制度模式，在操作上必然存在很大的困难（如信息不充分等）。如果只是设计出一种统一的制度模式，又无法满足企业的差异化需求。因此，企业制度创新应当以企业为主体。当然，政府在制度供给方面也应当发挥积极的作用。

(二) 企业制度创新的直接目标是为了更好地实现企业制度的功能

企业制度有三大功能：导向功能、激励功能和协调功能。随着社会环境的发展，各种

生产要素的相对重要程度不断发生变化，以能够把稀缺的资源引入企业内部，留在企业内部，并且能够朝着企业利益最大化的目标努力。例如，在工业经济时代，资本是最稀缺的资源，因此企业制度设计遵循"股东至上"的原则；进入知识经济时代，知识将成为最稀缺的资源，因此在企业制度的设计过程中将更多地考虑知识资本及知识所有者的收益，考虑如何调动他们的积极性。正因企业制度具有这种根本性的、基础性的功能，所以其在企业中的地位至关重要。

（三）企业制度创新应当符合效益原则

如果承认企业制度创新是一种企业行为，那么效益性原则就应当是制度创新的根本原则。所有的企业行为都应当是在成本收益比较的基础上进行的，企业制度创新也不例外。企业制度创新的成本包括：设计和组织实施新制度的费用；清除旧制度的费用；消除制度创新阻力的费用；制度创新所造成的损失；实施成本；随机成本。如果预期的净收益超过预期的成本，一项制度创新就会被实施。对于企业来说也同样如此，只有企业预期通过制度创新获得的收益大于其制度创新所付出的成本时，才有可能发生制度创新。

（四）企业制度创新存在约束范围

在企业内部和外部都存在着一些影响制度创新的因素。从外部环境来看，影响企业制度创新的因素有法律环境、宏观政策环境、社会中介组织的发展、社会保障环境、社会文化环境和国际经济环境等。系统论认为，环境对企业制度有"塑造"作用，不同的企业环境能"塑造"出不同企业制度。如果把企业制度看作一个系统，它必然要与环境发生物质、能量和信息的交换，必然要打上环境的烙印。企业制度创新显然也是如此。企业制度创新不可能脱离环境约束。如果违背客观规律，生搬硬套地进行制度创新活动，就会出现"南橘北枳"的现象。因此，每个企业的创新都应当是有特色的。

（五）企业制度创新是一项系统工作

企业是一个系统，其内部又包含若干子系统，如制度、技术和管理等。这些系统之间相互联系、相互制约，构成一个有机的整体。尽管企业制度在其中发挥着基础性的作用，但是它同样要受到其他子系统的影响和制约。可能在某一特定时刻，制度创新的作用更为突出一些，但是必然要辅之以技术、管理等方面的创新，否则会影响制度创新的效果。

（六）企业制度创新是一种他组织行为

按照系统论的观点，组织有自组织和他组织之分。二者的区别在于组织力或组织指令来自群体内部，还是来自群体外部。组织力来自系统内部的是自组织，组织力来自系统外部的是他组织。哈肯指出："如果系统在获得空间的、时间的或功能的结构过程中，没有外界的特定的干预，我们便说系统是自组织的。这里的'特定'一词是指，那种结构和功能并非外界强加给系统的，而且外界是以非特定的方式作用于系统的。"如果系统是在外界特定干预下获得空间的、时间的或功能的结构的，我们便说系统是他组织的。企业制度的演进过程中同样存在着自组织和他组织。按照上述区分，如果企业制度在演进过程中没有特定的外界干预，那么它就是自组织的。企业制度的自然演进过程便是如此。企业制度的发展经历了业主制、合伙制和公司制等发展阶段。从整个历史来看，这些制度的产生是在经济发展过程中逐渐形成和完善的，而不是由人们去刻意设计的。需要指出的是，没有"特定的"干预，并不是否定企业制度与环境的互生共塑关系。而企业制度创新则存在"特定的"干预。在企业的外部，有政府的"干预"，在企业的内部则有企业经营者的"干预"。企业制度创新是一种有"干预的"他组织行为。当然，这种"他组织"行为是建立在对客观规律正确把握的基础之上的。例如，在认识到企业制度的发展规律之后，大、中型国有企业选择了建立现代企业制度的"目标"。自组织的发生是一个渐进的过程；他组织的发生可能在较短的时间中实现。因此，通过制度创新可以在较短的时间里实现通过制度演进需要很长时间才能实现的制度发展目标。

第二节　企业制度创新网络系统的基本内容

从国际国内企业的实践来看，企业制度创新的具体内容是很丰富的。因此，企业制度创新的内容只能在基本内容的层次上加以总结。

一、企业制度创新网络系统的基本内容构成

企业制度是一个由多层次制度构成的制度体系。这些制度之间是相互影响、相互制约的，构成了一个有机的整体。下面就企业制度创新的基本体系作以下简要分析。

（一）企业财产制度创新

企业财产是构成企业的基础，失去财产基础，企业也就不存在了，所以企业财产制度是企业制度中最基本的制度。企业财产制度创新属于企业制度创新的基本内容，它应当具备以下特点：①企业财产的构成应当是由多方出资投入而形成的多元财产体系；出资人依法向企业注入资本金，并履行资本保全的义务。②出资人只以其出资额为限对企业承担有限责任。③企业财产权利合理分解，即出资人所有权与企业法人财产权相分离，出资人与企业法人各自拥有独立的财产权利。④出资人依法享有资产收益、选举委托人以及股权转让的权利。

（二）企业法人制度创新

企业法人制度是企业制度的核心制度。企业法人作为具有法定资格的行为主体，享有民事权利和承担民事责任，这是企业独立存在和运行的基本条件。企业法人制度创新要使企业的法人制度具备以下内容：①企业法人对出资者注入企业的资本金及其增值形成的资产（企业法人财产）享有独立的财产权利，拥有法人财产权，即企业依法享有对法人财产的占有、使用、收益和处分权。②企业法人依据独立的法人财产对其经营活动负责，自主经营，自负盈亏，以其全部财产对企业债务承担责任。③企业法人行使法人财产权，受出资人所有权的约束和限制，要对出资人履行义务，依法维护出资人的权益，承担资产保值增值的责任。

（三）企业组织制度创新

企业组织制度决定组织结构和权利结构的安排，它是实现规范的企业治理的重要制度。现代公司制是现代企业组织制度的主要法律形式，它的主要特点是：①出资者的权利必须集体地予以履行和保障；股东代表大会作为公司的最高权力机关，通过民主程序执行和保障每个出资人的权利。②建立行使法人财权的组织机构；股东委托董事会经营公司的法人财产，董事则以公司的利益为惟一的行为准则。③随着管理专业化的发展，职业经理也拥有了企业长期发展的管理权，董事会只行使对经理的监督权。④设立监事会，对董事会和经理的行为行使监督权，它对股东会负责，依法和依照公司的章程对公司经营活动进行监督，审核、检查公司的财务和资产状况等。

（四）企业管理制度创新

企业管理制度用于规范企业与员工的关系，确立内部各行为方式，协调各方面的利益。企业管理制度的创新设计应当遵循以下原则：①激励与约束相容的原则。制度安排应当有助于克服各当事人的机会主义动机，使各利益主体共同为追求企业的目标而努力。②竞争性原则。将企业的外部竞争引入企业内部，在各种生产要素之间、员工之间建立有效的内部竞争机制。③个性化原则。各个企业应当结合本企业的特点，建立符合本企业需求的管理制度，形成管理特色。④系统性原则。企业管理制度应当包含人、财、物，供、产、销以及安全、质量等方面的管理，构成一个完整的网络和体系。

二、企业制度创新网络系统的内容界定

（一）政府对企业制度创新网络系统内容的界定

《中共中央关于建立社会主义市场经济体制若干问题的决定》对现代企业制度进行了阐述，这也就是对企业制度创新网络系统的内容进行了界定。其基本内容是"产权明晰、权责明确、政企分开、管理科学"。

1. 产权明晰

国家作为出资人对企业财产具有最终所有权。企业作为经济上的占有者，具有独立的法人财产权，拥有包括国家在内的出资者投资形成的全部法人财产权，成为享有民事权利、承担民事责任的法人实体。

2. 权责明确

国家作为出资者，按其投入的资本额享有所有者的权益，如资产收益权、重大决策权和选择管理者等权利。同时，以其投入企业的资本额为限对企业破产时发生的债务承担有限责任。企业作为资产的占有者和经营者，具有独立的法人财产权，一方面享有自主经营的权利，另一方面又承担自负盈亏和资产保值、增值的责任。

3. 政企分开

一方面，政府的社会经济管理职能与国有资产所有者的职能分开；另一方面，国有资产管理、监督职能要与国有资产经营职能分开。

4. 管理科学

管理科学是指随着生产力和科学技术的发展，以及企业内外经营环境的变化，对企业生产要素和管理职能在质和量上做出新的变化或新的组合，提高整体管理效率和企业经济效益。具体包括管理组织、管理体制、管理技术和管理方法的创新。

（二）罗殿军对企业制度创新内容的界定

国内学者罗殿军从五个方面对企业制度创新进行了界定，概括起来就是实现"五化"。

1. 产权关系"层次化"

现代企业的产权关系应当是一个多层次的、明晰的产权关系体系：出资人所有权是第一个层次；法人财产权是第二个层次；企业经理阶层拥有企业的经营权，这是第三个层次。

2. 企业财产"法人化"

企业拥有出资者投资形成的全部法人财产权，成为享有民事权利、承担民事责任的法人实体。企业以其全部法人财产依法自主经营，自负盈亏，照章纳税，对出资者承担资产保值增值的责任。

3. 出资者责任"有限化"

国家和企业作为出资人不再像无限责任公司那样，用投资之外的其他资产来承担清偿债务的责任。企业以其全部法人财产为限对其债务承担有限责任；企业破产清算时，出资者只以其投入企业的出资额为限，对企业债务承担有限责任。

4. 企业运行"市场化"

企业在市场经济中自主经营，自负盈亏，自我约束，自我发展，政府和投资者都不直接干预企业的生产经营活动。

5. 管理制度"科学化"

建立科学的企业领导体制和组织管理体制，调节所有者、经营者和职工之间的关系，形成激励与约束相容的经营机制。

（三）企业制度创新的内容

在总结借鉴的基础上，本文将企业制度创新的内容界定为五个方面。

1. 建立出资人制度

变国有企业为国家投资企业，在资产评估或清算的基础上，量化对企业投资的总量，国家对国有资产的管理从委托、授权转变为运营和投资。政企分开之后，由专营国有资产的部门、控股公司、资产运营公司承担出资人的有限责任。

2. 建立法人财产制度

建立法人财产权制度。企业的总资产由投资和债务两部分组成。企业法人对总资产拥有使用、经营、配置的权力，以期达到增产增值保值的目的。

3. 建立所有者权益制度

所有者权益制度表现为对经营者的选择、控制，对投资回报的控制，对重大经营决策的控制。

4. 建立法人治理结构

科学合理地规范和健全企业的治理结构，实现股东会、董事会、经理层各司其职、相互制约的企业领导体制。

5. 企业配套制度的设计

主要是指与制度创新展开相配套的管理制度，如人事制度、分配制度、财务制度和投资制度等。

第三节　企业制度创新网络系统的功能效应

企业制度创新网络系统包含若干子系统，企业制度本身又是整个社会系统的一个子系统。因此，企业制度创新必然会引发系统功能效应。这些系统功能效应包括群聚功能效应、加速功能效应、更换功能效应、示范功能效应、学习功能效应、外部功能效应、时滞功能效应和过程功能效应等。认识这些制度创新网络系统功能效应，有助于我们更好地把握企业制度创新网络系统的运行，更好地进行制度创新的实践。

一、群聚功能效应

在分析企业创新时，熊彼特曾经说过："一旦社会上对于某些根本上是新的和未经过试验过事物的各种各样的反抗被克服之后，那就不仅重复做同样的事情，而且在不同的方向上做'类似的'事情，就要容易多了，从而第一次的成功就往往产生一种群聚功能效应。"在企业制度创新的过程中也同样存在着群聚功能效应。在我国改革开放的过程中就广泛存在着"群聚功能效应"：如果某一地区的某个企业率先进行了某项制度创新，那么"类似"的事情就可能重复发生，从而产生群聚功能效应。例如，在某一地区普遍采用了某种新的企业制度模式，而且都取得了良好的效果。

二、加速功能效应

随着社会经济科技的发展，新的企业制度不断出现，企业创新的速度越来越快，这种现象被称为加速功能效应。企业制度创新与整个社会的知识积累、社会科学的进步以及企业知识的积累有关。当进行一次企业制度创新之后，企业乃至整个社会的知识存量就增加了，并促进了社会科学的进步。知识的积累和社会科学的进步扩大了制度的选择范围，减少了与某种制度安排相联系的成本，而且可以提高人们发现制度不均衡、设计制度以及提高认知制度的能力，从而使制度创新更为容易，因而制度创新也就更为频繁。

三、更换功能效应

企业总是不断地面对不断变化的环境，企业的创新行为总会被竞争对手所模仿，相对其他创新来说，制度创新更容易被模仿。因此，企业惟有不断创新才能保持竞争优势。企业制度的不断更换被称为更换功能效应。

四、示范功能效应

政府部门、研究部门或企业提出或实践一种新的制度模式，能够起到一种示范作用，从而带动其他企业实施制度创新，这被称为示范功能效应。示范功能效应可以分为两种：一种是非企业示范功能效应，另一种是企业示范功能效应。非企业示范功能效应是指政府部门、研究机构等在预见到某种新的制度模式的实施效果时，向企业推荐。这种示范作用对于改革之初的企业或对外部信息了解不充分的企业来说具有重要的意义。由于这些情况下的企业对外部世界缺乏了解，或者是收集信息的成本太高，因此由政府部门或研究机构来发挥示范作用有一定的优势。企业示范功能效应是指某些企业率先进行制度创新，从而发挥示范作用。这种示范作用的效果明显，容易为企业所接受。不论哪一种示范功能效应，在具体模仿学习时，都应当结合企业的实际再加以创新。

五、学习功能效应

企业制度创新同样也存在着学习功能效应。从长期来看，企业在经营观念、管理经验以及知识积累方面逐步成熟和完善，从而使企业制度创新的长期平均成本降低。用学习曲线来描述学习功能效应，可以反映企业制度创新的成本与企业制度运行时间的关系（如图8-1）。横坐标表示新制度的实施时间，纵坐标表示企业制度创新的平均成本。

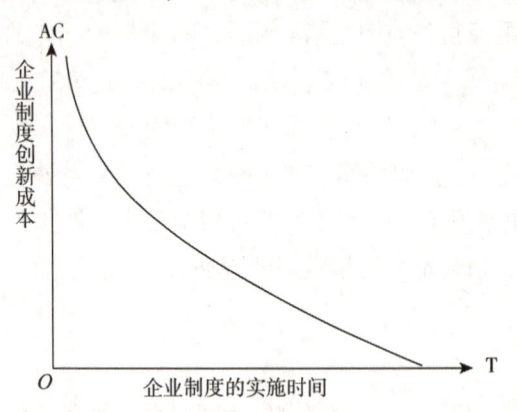

图8-1 企业制度创新的成本与企业制度运行时间的关系

六、外部功能效应

企业实施制度创新的效果不仅表现在企业内部，而且对于塑造外部环境也有着积极的作用，可称为企业制度创新的外部功能效应。一个建立了现代企业制度的企业，其产权关系得到明晰，自主经营的法人地位得到确立，企业成为真正的市场竞争主体。其意义不仅仅在于企业本身的效益改善，而且对于整个市场经济体制的建立也有促进作用。企业是市场经济的活动主体，企业建立现代企业制度也是市场经济体制的有机构成。另外，建立现代企业制度的企业，出资人的权益得到有效的保护和保障，因此，外部投资者会更愿意向该企业投资，这实际上是改善了企业的融资环境。这就是制度创新的外部功能效应。这符合系统科学中的"环境互生共塑原理"，即不仅环境对企业制度有塑造作用，企业制度对外部环境也有影响作用。

七、时滞功能效应

企业制度创新的实施与企业制度创新效果的产生之间有一个时间差，即企业制度创新产生的效果滞后于企业制度的实施，这称为时滞功能效应。认识这一现象有利于合理组织制度创新的活动。预期收益大于实施成本是企业制度创新的前提。如果迟迟看不到制度收益，企业会失去创新的动力，导致创新的失败。企业领导应当充分认识到这种"时滞"的存在，提前做好准备，不断地鼓励员工，提升员工的士气，顺利完成制度创新。

八、过程功能效应

企业制度创新网络系统运行是一个过程。从实施创新到实施效果的产生是一个过程；从设计制度模式到员工适应新的制度模式也有一个过程。在这个过程中，既需要依赖企业自组织作用逐渐磨合，也需要对整个过程进行合理的管理和控制。否则，任何一个环节出现问题都会影响制度创新的效果，这就是过程功能效应。

第四节 企业制度创新网络系统运行模式

按照不同的标准，企业制度创新网络系统运行模式可做不同的分类。按照创新范围的大小，企业制度创新网络系统运行模式可以分为：局部创新和整体创新；从制度供求的角度以及制度变迁过程的角度来划分，企业制度创新的模式可以分为：强制性制度创新和诱致性制度创新。

一、局部创新与整体创新模式

局部创新是指只在企业的局部（某个部门、某个分支机构）实施的企业制度创新。总体创新是指在企业的整个范围内实施的总体性的创新。局部创新又可以分为增量式局部创新和存量式局部创新。

（一）增量式局部创新模式

增量式局部创新是指在企业原有机构之外成立一个新的机构，率先采取新的制度模式。

这种制度创新模式有以下特点：①实施阻力小。在成立的机构中，采取新的制度，甚至可以选择支持创新的人员来参加，不会受传统势力的阻挠。②实施成本低。③对系统的稳定性影响小。对新机构的制度设计未触及原有的体系，因此不会影响企业的稳定性。④有良好的示范效果。增量创新成功之后会形成良好的示范作用，给员工产生良好的预期，能够调动企业其他部分进行制度创新的积极性。"事实胜于雄辩"，局部成功之后有利于企业全面推进制度创新。⑤学习功能效应。在一个新的机构中进行制度创新，会主动积累制度创新的经验和知识，为进一步在整个企业实施制度创新创造条件。

（二）存量式制度创新模式

存量式制度创新是指在企业现有的系统中选择某个机构率先实施制度创新。存量式制度创新与增量式制度创新相似，其特点略有不同。其实施阻力、实施成本略大于增量式制度创新，因为企业现有机构中要受到传统势力的阻挠，需要克服企业旧制度的阻力。二者的示范功能效应和学习功能效应相似。存量式制度创新所积累的学习经验更容易在整个企业中推广。

局部创新有优势，也存在不足。企业制度创新是一项系统活动，其内容涉及企业的产权制度、领导组织制度和管理制度等内容。而局部创新可能只涉及这些内容的一部分，所以其经验的积累不一定对全局有效。因此，在局部创新活动中，经常有"局部有效、整体无效"的现象。

（三）整体式制度创新模式

这种模式的特点是：①实施阻力大。全面实施制度创新会遇到较大的阻力，特别是旧制度下既得利益者的阻挠。②实施成本高。整体式制度创新需要打破旧制度，并建立起新的制度。这种制度的转换必然存在着较高的实施成本。③企业会产生较大的波动。这种波动必须足以打破旧有的平衡，方能建立起新制度，但是又会在一定时期内使企业失去向心力，在新制度建立并正常运转之前，企业很容易失控。④系统全面的制度创新有助于企业积累制度创新的知识和经验。⑤符合制度创新的系统性要求。

二、强制性制度创新和诱致性制度创新模式

（一）强制性制度创新模式

强制性制度创新是由政府命令或法律引入和实现的。国家在强制性制度创新中扮演制度供给者的角色。作为垄断者，国家在使用强制力时有很大的规模经济，由其推行某种制度的实施，组织成本较其他组织低。而且由政府推动企业制度创新，还可以弥补制度供给不足的矛盾。强制性制度创新有以下优势：①可以克服制度创新的外部性和搭便车而造成的供给不足。②可以最短的时间和最快的速度完成制度创新。③创新成本低，尤其是组织成本低。④在制度供给方面具有规模经济优势。⑤政府拥有信息优势。⑥政府的风险承受能力大。⑦有利于成功模式的推广扩散。当然也存在不足：①如果不能从实际出发，或者企业的认识不够，那么会遇到较大的阻力。②容易产生"一刀切"的不科学的决策。③在长期内缺乏稳定性。④会抑制企业的自主创新的合理要求，不利于企业经营者的形成与发展。

（二）诱致性制度创新模式

诱致性制度创新是指新制度安排的创造是由企业影响获利机会时自发倡导、组织和实

行的。诱致性制度创新的实现，首先要求企业在制度环境和其他外部经济条件给定的制度安排留下的空间和边界中，发现外在利润和制度安排。诱致性制度创新的特点可以概括为：①收益性。即只有当制度创新的收益大于预期成本时，企业才会选择新的制度安排。②自发性。诱致性制度创新是在外在利润的诱发下的一种自发性的反应。③一致性。在制度创新的整个过程和各个环节中都得到了几乎所有组织成员的一致认同和共同参与。④渐进性。⑤过程性。

局限性主要有：取得一致同意的成本较高；制度创新存在"外部性"，会降低企业创新的积极性和诱致性制度创新；组织的信息不充分；容易形成路径依赖。

两种模式各有利弊。具体实施过程中应当根据具体情况进行合理选择。从目前来看，国有企业仍然应当以强制性制度创新模式为主。随着我国经济体制改革的深入，市场经济体制的逐步确立，诱致性制度创新将会逐渐占据主导地位。

第五节 企业制度创新网络系统的实施

一、企业产权制度创新

企业产权制度创新是企业制度创新的核心，是深化企业改革、转换企业经营机制的关键。企业产权制度创新的目标是产权关系明晰化、产权结构多元化、国有资产存量化；出资者承担有限责任，国有资产量化。建立企业法人制度有利于明晰企业产权制度与所有者的产权；为了实现投资主体多元化，可以通过法人相互持股来实现；建立出资人制度可以保证出资人只承担有限责任；将国有资产从实物形态变为价值形态，有助于在流动中实现国有资产的保值增值。

根据我国的具体国情和国家的有关方针政策，不同类型的企业可以采取不同的方式。国有大中型企业可以实行规范化的公司制改造；有些国有企业则可以采取多种方式改为混合所有制；对于小型国有企业则可以实行转让、拍卖、租赁、股份合作制或国有民营等多种方式进行放活。

二、企业领导制度创新

根据政企分开的原则和建立股份制的要求，企业领导制度创新的基本方向是建立起企业完全自主经营的领导体制，建立起董事会领导下的总经理负责制。由各投资方（股东）组成股东大会，是公司的最高权力机构；由股东大会选举产生董事会；董事会聘任总经理。相互之间形成监督、制衡的关系。从目前来看，需要进一步完善国有企业法人治理结构，强化外部监督。通过调整股权结构，改变国有股在部分公司中"一股独大"的情况，形成合理的股权结构。建立规范的法人治理结构和公司董事会议事规则以及董事决策责任追究制度，实现董事会集体决策与授权董事长决策的有机结合。提倡吸收外部专家进入董事会，建立独立董事制度，提高董事会的工作效率和质量。完善企业监事会职能，实行体外监事制度，确保监事会的独立性和事前监督，形成有效的内部监督机制。

三、企业组织制度创新

在现代企业中，企业制度多采用公司制的形式。《公司法》决定了建立公司和改建公司的基本条件，使企业组织制度创新制度化、规范化、法制化，为国有企业实施股份制改造提供了法律保障。对国有企业进行公司制改造，有助于建立现代企业制度及解决国企改革中的难点问题，有助于国有企业与国际企业接轨，引导企业参与国际竞争。企业组织制度创新具体可采取多种形式。

四、企业管理制度创新

企业管理制度创新主要是指企业劳动人事分配制度的创新。企业应当进一步推进经营者的职业化和市场化，不断完善经营者的择优录用、竞争上岗机制，积极探索和推行年薪制、期权股份制、特殊劳动贡献分红等各种要素分配形式，使经营者既有薪金收益，又有股权收益，形成有效的经营者激励与约束机制。企业应当进一步深化用工和分配制度改革，建立健全公平的竞争机制。

五、企业制度创新的外部配套措施

企业制度创新还需要有一系列外部配套措施来支持，为企业制度创新创造一个宽松的氛围。为了使企业制度创新可行有效，必须进一步做好下列工作：①加快建立社会保障体系。国有企业制度创新过程中不可避免要采取下岗分流和减员增效的具体措施。②加快金融体制的改革，强化企业的资金硬约束。③健全公平竞争的市场规则。市场经济的基本规则是反对垄断和促进平等竞争，应抓紧制定限制垄断和规范竞争的法律，以及相应的行政法和监督法，保证政府职能转向主要运用公共政策来规制和调节市场行为。

随着知识经济的到来，社会环境总体上正在不断改善，使得创新成为政府、学术界和实业界的共识，政府行为也将做相应的调整，从而使企业制度创新所需要的制度环境供给和制度保证供给得到不断改善。

第九章 企业创新网络系统运行管理

企业创新网络系统的运行过程需要进行管理,以确保其在最优化轨道上运行。邢以群等认为企业创新的主体是企业组织中的管理者。因此,高层管理者在企业创新网络系统运行管理过程中起着重要作用。在企业创新网络系统运行过程中,如果没有高层管理者的重视和支持,就不可能有企业创新顺利开展,也就不会有企业创新网络系统的有效运行。根据上述章节关于企业创新网络系统的论述,企业创新网络系统运行管理应主要包含以下内容。

第一节 企业创新网络系统运行的主导力量

一、管理者在推动企业创新网络系统运行中的主导地位

管理者在推动企业创新网络系统运行方面居于主导地位,我们称管理者为企业创新行为主体。所谓企业创新行为主体是指组织或参与企业创新全过程,并使企业创新成果得以顺利实施的人。

在企业创新网络系统运行过程中,为了保证企业创新的成功实施,需要有创意提出者、创意形成者、创意评估者、创意决策者、创新过程管理者、创新成果实施者和操作者。创意提出者负责创新观念、创新思想的提出,创意形成者负责创新具体方案的拟订,创意评估者负责创新方案优势的分析,创意决策者负责创新方案的最终选择,创新过程管理者负责提出创新目标、提供创新资源、组织创新活动的开展,创新成果的实施者负责创新成果的贯彻落实,创新操作者负责创新成果的具体执行。这些角色都是保证创新的成功所必需的,是相互联系、相互作用和密不可分的,是构成创新的有机整体,但它们对于创新成功的相对重要性是不同的。在所有的这些角色中,创意的提出者、决策者、创新过程管理者、实施者起着决定性的作用,因此,它们应该是企业创新行为主体。企业创新过程中的这些角色可能是同一个人,也可以是不同的人。一般而言,创意的提出者、决策者、创新过程管理者、实施者通常是由组织中的各个层次的管理者担任的,而且管理者还参与了创意的形成、评估、操作等。所以说,管理者是企业创新的行为主体。

正是由于管理者在组织中从事管理工作，而且拥有支配各种资源（包括创新资源）的特权，因此，在企业创新过程中管理者自然而然地充当着创新组织者、管理者、实施者的角色，并可能充当企业创新过程中其他的所有角色。

在企业创新网络系统运行过程中，无论是创新思想的提出、形成与固定，还是创新的实施过程，管理者都发挥着不可替代的主导作用。创新思想的形成离不开管理者的参与和组织，因为只有通过对企业创新网络系统运行管理的实施过程，企业才能对不断变化和复杂的创新环境做出灵敏和基于自身能力的反应，也只有通过管理者的管理实践，才能知道一个企业到底应该对什么进行创新和在哪些环节上进行企业创新，以获取最大的经济效益，也只有通过管理者对企业创新网络系统运行进行有效的持之以恒的管理，才能确保创新的持续发展，因此，只有当管理者在企业创新过程中居主导地位时，才能使企业创新保持正确的方向，创新层出不穷，确保企业创新的持续发展，并大幅提高企业创新的成功率。为了在激烈的市场竞争中求得生存与发展，企业中各级组织的管理者只有致力于不断激发创新思想并使之贯穿于企业生产经营全过程，才能发挥创新思想的作用，也只有在不断的创新实践中，才有可能从中积累创新经验，进行企业创新组织和管理。管理者在组织中的角色和其在组织中所从事的工作的性质，决定了管理者是企业创新的行为主体。

二、企业高层管理者对企业创新网络系统运行的推动作用

当然，由于管理者在组织中的地位和作用不同，他们在企业创新过程中所起的作用也不同。在企业创新过程中，高层管理者除了上述管理者的一般作用外，由于其拥有组织资源的最大支配权和最终决策权，他们还可以运用手中的权力鼓励和推动企业创新在本企业中进行，或阻止创新在本企业中进行，因而对企业创新起着决定性的作用。高层管理者在企业创新过程中的具体职能作用如下：

1. 提出企业创新网络系统运行目标

任何一个创新总是有目的的，企业创新网络系统运行需要有明确的目标。高层管理者由于对企业要负全责，因而在考虑问题时也比较全面，这就有助于其在企业创新过程中，从组织的全局出发，提出最为合适的企业创新网络系统运行目标。

2. 规划企业创新活动

一项企业创新活动，要求高层管理者及其下属管理部门进行细心的规划以使企业创新活动顺利地进行，企业创新网络系统有效运转。同时，企业创新过程是一个网络系统的运行过程，涉及企业内外方面，如何创造一个良好的有利于创新网络系统运行的组织环境，协调好各部门人员之间的关系，配置好企业创新所需要的各种资源，对各创新方案进行合理评价，都是高层管理者的创新规划组织职能。

3. 建立有效的支持网络

企业创新网络系统运行过程中，在提出创意或进行创意评价及推行创意的阶段，为了保持公正性、权威性和充分利用专家的专业知识，都需要获得各方面的支持和理解。高层

管理者的重视和强有力的组织能力,将为获得这种支持提供条件。在组织内部,同样需要高层管理者致力于企业创新的组织文化的建设,为各项创新活动的开展创造良好的环境。

4. 推进企业创新成果的实施

创新成果的实施不同于一般的管理工作,由于企业创新必然会带来原有组织管理方式的变化,因而不可避免地会涉及一部分人员的利益调整,就使企业创新成果在实施过程中可能会带来很大的阻力。这就需要高层管理者凭借其手中的权力和在组织中的个人威信,凭借其管理职权,排除各种障碍,以推动管理成果的顺利实施,最终使企业创新成果能获得预期的效益。

5. 组织提出创新设想

尽管许多高层管理者未必有提出具体创新创意的能力,也不一定非要高层管理者来充当创意提出者的角色,但是由于一个企业成败的责任都压在高层管理者身上,下级的管理者和员工也把希望寄托在领导者身上,导致组织中的大多数管理创意都是首先由高层管理者提出的。

尽管高层管理者对推动企业创新网络系统运行具有重大的推动作用,但他们的作用有时也会受到各种环境因素的制约,如有的企业董事会不同意,员工不理解,但高层管理者仍可以在一定的范围内通过自身的不懈努力克服这些困难,推动企业创新网络系统有效运行。在企业创新网络系统运行中,如果没有高层管理者的重视和支持,就不可能有企业创新。即使下面的管理者或员工能提出企业创新思想或方案,也会被扼杀。高层管理者应该具有这样的素质:他具有洞察和把握外部环境和市场机会的强烈意识;具有对创新网络系统运行管理实践的丰富经验,以及具有不惜代价进行综合配套创新以推进企业创新网络系统运行的勇气与魄力。

三、其他人员对推动企业创新网络系统运行的作用

在一个组织中,尽管单个员工很难对企业创新产生重大的直接作用,但是作为一个群体,一个组织中的员工却能对企业创新产生重大的作用。一方面,他们可以通过发挥群体的力量,对创新创意的形成做出自己的贡献;另一方面,也可以通过组织文化和自身职责的履行影响企业创新成果的实施和最终所能取得的成效;再一方面,他们是企业创新的操作主体,直接参与企业创新的操作过程。因此,提高直接从事企业创新活动人员的创新知识水平,仍然是关系到我国企业创新能力增长的重要因素,如果没有大批的具有创新意识、掌握创新技术的员工,就不能形成企业创新的真正优势,企业创新网络系统也就难以有效运转。企业员工在企业创新方面的知识、技能、经验水平,决定着其在创新活动中发挥能动作用的可能性及对企业创新发展贡献的大小。这就要求我们一方面要注重员工创新积极性的发挥,为群体创新创造良好的条件,另一方面也要在实施企业创新的过程中注意群体承受力,讲究方式方法,以保证创新成果的顺利实施。主要应注意做好以下几个方面。

第二节　促进企业创新网络系统有效运行的动力源

在企业创新网络运行过程中,如何确保其有效运行是衡量一个企业创新是否有效的重要依据。促进企业创新网络系统运行的动力源是什么?用什么样的机制确保企业创新网络系统的高效运行?如果我们能够了解促进企业创新网络系统运行的重要因素,我们也就可以据此进一步激发企业创新,进而促使企业努力提高竞争能力,并最终提高企业的效率与效益。通过对企业创新实践的分析,我们认为促进企业创新网络系统运行的动力源主要有以下几个方面。

一、企业创新素质

所谓企业创新素质是指企业进行企业创新活动所必须具备的基本要素的有机结合所产生的整体功能。其中基本功能是指企业中促进企业创新发展的诸要素。一般来说,企业的创新素质可以概括为创新技术素质、创新管理素质和创新人员素质三个方面。技术素质主要是指创意提出、创意形成、创意评估、科研、设计、产品开发、工艺、工具、设备和原材料综合利用等方面的能力和水平,同时也包括员工的掌握知识的能力和水平。管理素质主要包括两个方面,即正确调整创新运行环境和合理组织配置创新资源的能力。人员素质包括企业经营者、科技人员、管理人员和员工的创新意识、知识、技术、业务和文化素养。员工是创新活动中最活跃的因素,人员的素质高低对提高企业创新素质起着关键的作用。提高企业创新素质就是要综合提高企业创新技术素质、创新管理素质和创新人员素质。

提高企业创新素质是一个动态的概念,由于社会的不断进步,科学技术在日新月异地发展,并不断地影响着我们的生活和生存方式,产品在不断地更新换代,社会对企业要求不断提高,企业员工在不断流动,企业创新环境也在快速地发生变化,这就决定了提高企业创新素质不是一时的任务,而是始终处在一种连续动态的不断完善过程之中。

提高企业创新素质应紧紧围绕提高企业创新能力,加快企业创新步伐,确保企业创新连续性,进而增强企业竞争能力,确保企业长盛不衰这个中心,结合加强企业创新管理,切实转换企业创新机制进行。为此,需要做好以下几方面工作:

切实抓好企业创新管理的基础工作。创新管理的基础工作是为实现企业创新网络系统运行最优化目标提供的根本保证措施;它是组织企业创新,实现对企业创新科学管理、促进企业创新网络系统有效运行的前提条件。

本着精干、高效原则,科学设置企业创新组织机构,增强企业创新组织能力,完善企业创新决策机构,保证创新决策的迅速性和准确性。

建立和完善有利于企业创新发展的各项规章制度,在深化企业劳动、人事、分配制度改革，转换企业经营机制的同时，必须相应地规定一套新型的企业创新管理制度。鼓励员工创新意识，发挥员工创新能动性，把员工的收入高低同企业创新发展情况和个人对企业创新贡献大小紧密结合起来。

大力推进企业创新发展，提高创新意识，特别要加大技术进步，引进采用先进技术和设备，加大对创新的投入，注重创新水平的提高。从提高效率和效益出发，结合企业实际，积极运用和推广各种现代化管理方法，如网络技术等，对企业创新网络系统实施科学的管理。

二、企业创新组织激励

推动企业创新网络系统运行的动力除了企业创新素质外，还有一个很重要的根本性动力就是企业创新激励。而企业创新激励又分为企业创新组织激励和企业创新行为主体激励。企业创新组织激励主要有以下三个方面。

（一）激烈的市场竞争

从市场来看，企业要想在激烈的市场竞争中取胜，就必须进行创新竞争，激烈的企业创新竞争迫使企业持续进行创新，从而推动企业创新网络不断向前运行。只要有市场经济条件，企业创新竞争就一刻也不会停止。在市场经济体制中，由竞争引起的创新浪潮是一种客观现象。对于企业来说，一旦进行领先的创新就有可能在竞争中处于领先地位并获得超额利润，这样就会迫使竞争对手也进行相应的创新，这样就会形成创新竞争局面。而当旧的创新被普遍应用时，由于企业对高额利润的追求，又会迫使企业竞相进行新的创新，从而引发新一轮的创新竞争。最典型的例子就是日新月异的手机市场，由于手机市场的激烈竞争和科学技术的进步，无论是在手机外形上，还是在手机的内在质量上，各个企业都在不断地进行创新，不断有创新产品问世。手机企业只有在激烈的市场竞争压力下不断创新产品和服务，否则就会被市场所淘汰。假设有手机企业A、B、C、D、E，在第一次创新浪潮中，企业A是率先创新者，获得了高额利润，企业B、C、D、E都是创新的跟随者。当此项创新在整个手机业普及后，手机企业都只能获得平均利润，这时手机企业为了获得比其他企业的高额利润进而达到在市场中保持自身的优势，保住或提高市场占有率，就要加紧进行创新，这就引发第二次创新浪潮。在第二次创新浪潮中，上一次创新的率先者手机企业A可能依然是第二次创新的率先创新者，也可能是创新跟随者，甚至可能因为没有及时进行第二次创新而被市场所淘汰。在第二次创新浪潮中率先创新者既可能是A，也可能是B或C或D或E，也可能是新进入的手机企业，因此手机企业为了能在市场竞争中取得优势，并最终取得胜利，就必须不断地进行创新，而且要比其他企业率先进行创新。这样手机企业不断竞相进行创新，从整个手机行业来看，手机企业的创新得到了持续发展，促进企业创新网络系统持续、有效运行下去。

（二）企业追求经济利益最大化

从企业来看，企业中的任何生产经营活动都是要以经济利益最大化为原则，因为企业是一个经济实体，因此，企业创新也不例外，企业进行创新的目的就是为了获取高额利润，从而确保企业的长期发展，对这些经济性的追求诱使企业进行持续不断的创新，进而促进企业创新网络系统的有效运行。企业创新活动本身具有持续性，是以网络系统方式运行的，这些特征为企业持续创新提供了客观基础。对于企业来说，一旦成功地进行了一项创新，这时它不仅占用了创新资源，而且还会产生新创新能力。如果企业创新就此停止，就会浪费这些资源，并且企业创新网络系统也需要停止运行还需要投入新的费用。而如果企业创新持续开展下去，就可以充分利用这些创新资源和能力，产生有效的经济性。根据创新扩散效应，可使企业创新规模化、集约化，进而大幅降低企业创新网络系统运行成本，使得创新渗透到企业生产经营的每个环节，极大企业创新效率。具体表现为：创新成本更低、风险更小、周期更短、收益更大。另外，由于企业创新学习是一种客观现象，企业通过创新可以提高对创新机会的识别能力、对外部创新知识的吸收消化能力、自身科研开发能力、对创新的组织管理能力等。这些能力的获得可以使得企业的后续创新效率大幅度提高，有利于促进企业进行创新。

（三）企业制度创新的推动

以股份公司为主要形态的现代企业制度建立，为企业创新的快速发展提供了有利的制度保障。与其他的企业组织形态相比，股份公司更有利于企业创新，由于具有法人、责任有限和规模大等原因，股份公司的创新能力大幅提高，主要表现为：股份公司有利于迅速大规模地筹集到企业创新所需的资金，股份制企业的大规模提高了企业抗创新风险能力，有限责任则避免了因创新风险而吸引创新投资的不足，股份公司拥有更多的创新知识和创新人员。基于以上原因使得股份公司迅速成为企业创新的真正主体。

现代企业作为企业创新主体，不仅克服了其他类型企业缺乏创新能力、资金及创新信息的不足，而且把企业创新推到一个新的高点。现代企业制度所包含的现代企业管理制度、现代企业产权制度等，使得现代企业管理权与所有权分离，在做出管理决策时，职业经理人员宁愿选择能促使企业长期稳定和不断成长的政策，也不追求近期利益最大化。由于专职经理人员阶层的形成，他们以经营企业作为职业，因此，企业的持续存在对其职业生涯至关重要，于是他们要维持其组织被充分利用的愿望，变成了一种促进企业创新使企业进一步发展的维持力量。这样企业的发展目标和价值取向与企业进行持续创新的愿望是高度一致的。现代企业制度不仅要求企业进行持续创新，推动企业创新网络系统运行，而且还提供了相应的组织设施。企业创新组织化、制度化已经成为现代企业制度的重要内容之一。以现代工业企业为例，一般都设置了 R&D 部门，有一流的科研开发人员、设备和研发中心，有充足的资金。现代企业组织化的研究开发能不断地创新产品、工艺和服务，已经深刻地改变企业生存与竞争方式，通过创新优势获得市场竞争优势，使得企业得以持续发展。现代企业制度本身要求企业进行持续创新，而且有能力促进企业创新，并确保创新网络系统有效、高速运行。

（四）政策导向作用

企业创新行为也受到政府政策导向作用的影响。由于政府对各类组织和各项活动的态度在很大程度上决定了企业在一定时期内可以做什么，不可以做什么和能够做到何种程度，因而也会对企业创新动机产生很大的影响。当政府改变政策、法令，使企业原有的经营业务或经营业绩面临很大损失时，企业会被迫进行企业创新，以摆脱眼前困境。例如当政府改变会计制度时，经常促使企业致力于新的财务管理体系的建立。而当政府倡导企业创新，并制定专门政策加以引导时，将极大地诱发企业创新主体从事企业创新的积极性，助长企业创新行为。

三、企业创新个体激励

在企业创新过程中，企业创新行为主体对企业创新发展具有重要的影响作用，而企业创新行为主体对企业创新贡献的大小取决于企业创新个体激励状况，取决于创新行为主体创新动机与企业创新目标的一致程度。因此，企业创新行为主体进行创新行为的内在动力是推进企业创新的主要原因。一般而言，企业创新行为主体的创新动机并不是单一的，而是多元的，不仅与创新主体的价值观有关，而且与外界的刺激有关。

企业创新行为主体从事企业创新的内在原因或动机主要有以下几个方面。

（一）求生存

当企业不景气或创新行为主体面临就业危机时，员工将可能为了维持企业的生存或保住自己现有的职位而致力于企业创新，力求通过企业创新摆脱困境，谋得生存。例如，当有的企业在激烈的市场竞争中陷入困境时，一些企业的管理者或员工为了求得企业的生存和自身就业，致力于企业创新，提出了开发新产品、创造新服务等提高企业竞争力新办法。

（二）追求经济收入

在现实经济生活中，劳动仍然是人们谋生的手段，因此企业创新行为主体也有可能出于对经济收入和报酬的追求而致力于企业创新。企业创新行为主体在进行企业创新时的经济性动机，可分为两大类：一是追求企业经济效益的提高，二是为了自己个人利益的增加。由于企业经济效益的提高最终会以各种形式给创新主体个人以回报，因此，企业创新行为主体的创新动机可能就是通过企业创新增进企业效益并最终增加自己的收入。

（三）责任心

责任心是企业创新行为主体的另一个重要的创新动机。由于在一个组织之中，每一个人都有其相对固定的职责范围，其在这一工作范围内是一个责任人，每一个人都要对其工作负责。在这种情况下，责任心比较强的人就会不断地寻找当前工作中的不足之处，或寻找当前工作中可以进一步改进的地方，并通过创新使自己的工作做得更好。这种责任心可能出自于创新行为主体的自尊需要，即希望自己所做的工作是最好的，从而赢得他人的尊重；也可能出于其对社会或对企业的使命感，正是由于这种使命感促使其孜孜不倦地致力于企业创新。

（四）成就感

成就感是员工在工作中获得成功时对所取得的成就而产生的一种心理满足。不少企业创新行为主体进行创新的直接动机就是追求成就感和自我实现需要的满足。对于这些人而言，创新成功所带来的成就感比金钱更重要，创新过程中所得到的乐趣和心理满足对自身的创新激励远超过物质上的激励。正因为如此，具有强烈成就感的企业创新行为主体往往会在艰苦的创新过程中保持顽强的毅力，不达目的决不罢休。在我国，一些经济效益不错的企业，其企业领导人不满足于现状，不断地进行创新，很重要的一个原因就是具有强烈的事业心，如海尔、长虹等一批企业。

根据以上对从事企业创新动机的分析，相应地应采取以下措施对激励企业员工创新进行管理。

1. 实施刚柔相济的管理

在知识经济时代，网络技术的推广使得人们在接受信息和学习知识等方面有着同等的机会，人们将普遍具有主动参与创新的能力和愿望。因此旧有的单纯靠上级管理下级的领导管理方式已经难以适应知识经济时代对创新发展要求，对激励企业员工创新积极性必须采取更加多元化、人性化、柔性化。领导者不是下达命令，而是要负起组织与学习的责任，建立让每个员工都有机会施展才能和进行创新的组织。

2. 对企业创新激励的管理要注重管理层次创新

知识经济时代，由于网络的出现和大规模的普及，企业内部各部门、生产各环节之间是由庞大的通信系统联结在一起，构成了相互合作的网络，这有利于信息资源共享，企业员工很容易获取所需的各类信息，并直接参与企业创新。因此，减少企业内部管理层次，扩大管理幅度，实现组织扁平化；大量向员工授权，组建各类工作团队，以鼓励员工参加企业创新的积极性，增强员工进行创新的责任感。

3. 重视员工的能力、创造力和智慧潜力的发挥

知识经济需要丰富多彩的创造性思想，需要各抒己见的宽松氛围，因此对企业创新激励的管理不仅要从社会经济发展的外部环境和工作出发，还要从创新激励的自身要求、价值取向和心理意愿去把握，立足于对员工创新需求进行激励，通过影响企业员工的工作态度和行为，建立起开放和信任的企业内部环境，从而激发员工自愿合作并共享和开发创新知识资源。因此，要通过管理者运用创造性思维，采用灵活的管理技巧，达到人尽其才的目的。如有的国家的企业为企业员工调换工作岗位，通过使员工对工作产生新鲜感而促进企业员工创新的积极性。

4. 建立崭新的激励机制

在知识经济时代，企业员工所从事的工作大部分是创造性工作，这就需要企业为他们的工作创造一个具有充分信任的宽松工作环境，使每个员工都有一种归属感、成就感，激励员工去创造、去超越、去竞争、去创新。企业要始终坚持"以人为本"的治企理念，不断注重有利于企业创新发展，激励企业员工进行创新的激励机制的创造，进而极大地促进企业创新网络系统的有效运行。

第三节 企业创新网络系统运行的激励机制

如何才能使创新行为主体致力于企业创新并确保企业创新持续不断地发展下去，是本节中要研究的一个重要问题。按照动机理论，要使企业员工愿意从事企业创新，必须通过外部的刺激来激发和鼓励企业创新行为主体的动机的形成。

一、激励基本原则

激励是指激发人的内在动机，鼓励人们朝着所期望的目标采取行动的过程。动机理论主要说明了人为什么会采取某种行为的原因，而对于研究企业创新的人来说，更关心的是怎样才能促使人采取企业创新行为。

根据动机理论，一个人的行为状况取决于其动机的强弱，而动机的形成又取决于人的内在需要和外界的刺激。因此，可以通过外在的刺激，在一定程度上影响企业员工的动机，激发其进行创新的积极性，并通过创造一定的外部环境条件，使其能够顺利地进行相应的创新，最终达到企业所希望的形成持续创新行为的目的。

根据心理学理论，人们具有各种各样的生理的、心理的和社会的需求，在一个企业中，企业对个人目标就是尽量满足这些需求，因此，企业可通过一系列针对员工需求，如报酬、福利、工作条件、取得成就等来引导企业员工从事各种各样的创新工作。动机驱使人们工作，并且根据其工作业绩得到各种奖励。当员工对这些奖励感到满意时，则会重复其高效率的行为；如果对奖励不满意，则会影响员工的创新积极性，不愿意付出较大的努力进行企业创新。在企业中，根据激励的基本过程，可以总结出相应的激励基本原则如下：

1. 调动积极性

激励手段必须针对被激励者尚没有得到满足的需求，并根据被激励者需求的变化而变化。这是调动员工进行创新积极性的基础。

2. 促进员工能够做好

通过恰当的培训、合理地布置任务和给予其相应的行动条件，使被激励者能够较好地完成组织所布置的各项工作。

3. 保证做事正确性

正确地确立企业创新的组织目标，并使被激励者清楚地知道组织目标要求和组织目标与个人目标之间的关系，使被激励者保证其所采取的行为的正确性。

4. 使其不断做

根据被激励者行为结果有助于组织目标实现的程度给予其公平的奖惩，而且奖惩的内容必须在一定程度上直接影响被激励者个人目标的实现程度。通过公平奖惩，可以引导员工的创新行为保持在符合企业创新目标要求的正确轨道上。

二、企业创新的激励模式

根据上述激励原则，结合前面对企业创新行为主体动机的分析，可以看到企业创新行为的形成取决于四个方面：行为主体的动机、行为主体的能力、环境的激励、环境的制约。其中，行为主体的创新动机是企业创新行为产生的前提，行为主体的创新能力是产生企业创新行为的必要条件，行为主体的动机和能力一起决定了主体从事企业创新的目的和追求目标。外部的刺激可激发和诱导行为主体的创新动机，并为行为主体实现其创新目标创造条件，而环境的制约则会抑制行为主体的创新动机，并影响行为主体实现其创新目标的程度。四大因素相互作用，决定着企业创新行为的形成。

据此，为了促使企业创新行为的产生，我们主要的是要通过环境刺激激发和诱导行为主体的创新动机，通过环境条件的改变增强企业创新行为主体的能力。为了创造良好的促进企业创新发展环境，应采取以下措施。

（一）建立和完善规范的现代企业制度

对于我国来说，由于是从计划经济体制向社会主义市场经济体制过渡，虽然已有不少企业建立了现代企业制度，但是，出于各种原因，仍然有相当多的企业还没有按照《公司法》的要求真正建立起完善的现代企业制度。当企业亏损，经营者仍然不用承担多大责任时，经营者对外部的压力会无动于衷，因为亏损与其个人利益无多大关系；当企业盈利，经营者也得不到多大利益或荣誉时，由于经营者的创新需求与经营成果没有多大的关系，经营者从事创新的内在动力也会大为削弱。为了使企业有创新的动力和压力，首先必须加强现代企业制度建设，切实转换企业经营机制，使企业真正成为自主经营、自负盈亏的经济实体。只有实现政企分离，所有权与经营权分离，使企业的高层管理者有明确的权力和职责，同时又有明确的利益，才能使企业的经营者真正感受到激烈的市场竞争所带来的外在压力和从事企业创新可能带来的个人需求的满足，进而产生从事企业创新的内在动力。同时，也只有通过现代企业制度的建设，形成一个产权明晰、权责明确、管理科学的内部组织体系，才能使组织中的每一个人明确自己的职责和利益，感受到自己的责任和压力，产生积极参与企业创新活动的动力。

（二）完善利益诱导机制

除了通过现代企业制度的建设，使企业创新行为主体明确自己的责任和利益、感受到创新的压力外，企业创新行为的形成还在很大程度上取决于利益诱导机制的形成与完善。

所谓利益诱导机制，主要是指通过给予企业创新行为主体和参与者以相应的经济利益激励，促使企业员工主动积极参与企业创新活动。企业创新行为利益诱导机制的功能是：使企业员工感到参与企业创新活动与实现自身所追求的目标是一致的。其实质就是企业创新行为的预期收益与企业员工追求的个人利益目标相一致。

在根据上述动机分析的内容，企业创新行为主体的创新动力主要包括生存需要、更大的收入、责任心和成就感，它们都是通过企业经营业绩的提高和个人目标的实现来反映的。因此,要增强企业创新行为主体的创新动力,就要使行为主体能通过企业创新行为获取较高的企业收益和个人收益。在管理实践中可采取给予从事企业创新行为的人员以各种物质和精神奖励的措施。

(三) 加强对管理者的创新素质培训

管理者是企业创新的行为主体,进行企业创新需要有一批高素质的企业创新管理人才和具有风险意识、敢于创新的企业经营者。加强对企业中管理者的创新素质教育,提高管理者的创新素质,是保证企业创新得以顺利进行的重要条件,也是确保企业创新网络系统运行的主要办法。

企业创新职能对管理者提出了新的要求,它要求管理人员不仅要有坚实的管理创新基础知识和合理的知识结构,掌握企业创新管理的基本概念并具有应用这些基本概念的能力,能够综合利用各种信息技术,具有处理涉及面较广的企业创新问题的能力,而且要求具有创造性、开拓和实干精神,具有经常地不断地重新学习的愿望和适应外部环境变化的能力,具有信息意识、团队和合作精神,重视和鼓励员工进行创新冒险,塑造有利于创新发展的企业创新文化环境。要重视对管理者的创新意识和知识培训,充实其创新方面理论知识,增强其创新意识,从而增强其企业创新的意识和能力。通过培训将有助于管理者发现创新工作中的问题,提高解决实际创新和管理创新问题的能力。

(四) 致力于企业创新组织风险和危机意识的培养

创新是具有一定风险的经营行为,从事企业创新,要求人们具有较强的风险意识。所谓风险意识是一种促使和支持员工从事风险事业的意识。风险意识包括冒险意识、危机意识和防范意识。冒险意识是一种为了实现远大目标而不顾个人安危的意识,是一种拼搏的意识、进取的意识,冒险意识促使人们为了获得在正常情况下难以取得的巨大利益,在明知存在一定的危险的情况下,在充分认证并根据自身的管理创新经验,下定决心,排除万难,去争取胜利;危机意识是对潜在危机保持高度警觉的意识,危机意识促使人们兢兢业业、居安思危、永不满足。风险意识不仅表现为敢于冒风险,对危机保持警惕,还表现在积极防范上。防范意识是指对风险采取积极主动的态度,防患于未然,使风险消融于萌芽状态。

风险意识可以激发企业员工的创新潜能,强化责任感,提高创新进取精神。它是企业创新行为主体的动力之一,也是推动企业创新的杠杆,在企业创新网络系统过程中具有重要的推动作用。应通过教育、激励等多种措施造就一批具有创新风险意识的企业创新行为主体,注重对企业创新行为主体的非经济利益诱导,增强其对成就和事业的追求感。

第一,引导价值观念取向,提倡开拓、进取、奉献的精神,培养一批有真才实学的敢冒风险、具有强烈的市场竞争意识的企业创新经营者和管理者,确立进行创新的正确风险观,这是构造良好创新文化的关键。

第二,强化竞争意识,不断提高员工参与世界竞争意识,强化对时间价值和既激烈竞争又相互合作、利益共享的竞争观念,培育人们勇于竞争的精神。

第三,建立和健全相应的一系列规章制度,以规范和健全的制度来约束人们相关的日常活动，逐步形成有利于企业创新实施的行为规范。

（五）培植企业家队伍

企业家队伍作为现代企业的高层经营管理者，是现代市场经济高度发达的典型代表，他们本身就是现代工商业发展、企业制度形式变迁和社会分工极度发达的产物，尤其是在公司制产生以后，生产经营规模不断扩大，投资者出现多元化、分散化趋向，所有权与经营权分离，企业经营管理者工作就更加复杂化和多元化，企业家队伍应运而生。

实践证明，企业家在企业中的主导地位和中间作用，决定了其成为市场经济主体行为者，也成为了企业创新行为的主导者。因此，我们要采取有效措施促进企业家队伍的形成。

1. 创造有利企业家队伍发展的企业外部环境

一是要完善社会主义市场体系。要建立发达的商品市场，让企业家以自身的聪明才智开展充分自由的竞争，在竞争中求得企业的生存发展与自身成长；开放金融市场，拓宽企业资金来源渠道，为企业家施展创新才华创造条件；完善技术、劳动力、信息市场等生产要素市场，形成完善的市场体系，为具有创新精神的企业家队伍的形成创造良好的外部环境。二是建立现代企业制度。现代企业制度是企业家成长的摇篮。三是承认企业家队伍的经济利益，采取有效措施如年薪制、期权制等构建新兴的经营者分配机制。要通过相应的机制和制度建设，将企业家的收入分配按这种特殊稀缺资源的市场供求关系来决定，使企业家的个人收入公开、公正、合理、合法，并与企业长期利益和企业家经营企业业绩紧密联系，以此调动企业家进行企业创新的积极性。同时承认了企业家的经济利益，才能导入优胜劣汰的竞争机制，通过强化经营者的责任和风险意识，不断提高企业家队伍整体素质，使其在努力追求个人收入的同时，自觉地完成企业创新价值最大化目标。四是要对企业家理解信任。要以发展的眼光对待企业家的改革实验，只要是为企业长远发展，并按企业规范制度进行决策的，就应得到支持，不能以传统体制、旧有政策的标准对企业家的实践加以非难。要以辩证的态度对待企业家工作中的失误。

2. 建立有效的激励和约束机制

在激励机制方面，当前应由精神激励为主逐步转为物质激励为主。在物质激励机制方面，有两种可行的办法：一是配给企业经营管理者一定数额的股票或股票期权。其报酬可分两部分，一部分为短期报酬，即工资和奖金；另一部分为长期报酬，包括股份分红和股票期权所得，促使经营者关心股票长期升值能力，进而选择能促进企业长期稳定和成长的决策与项目，避免短期现象。二是实现利润分享制。这是一种非持股激励方式，不考虑经营者是否持股，不按照股东身份进行分配，对非股份公司也适用。利润分享有税前分享和税后分享。税前分享是指经营管理者的在职消费，计入经营成本。税后分享是从税后分红中拿出一部分分给企业经营管理者作为奖励，或者采取从红利中提成的办法，使企业经营管理者的奖金或提成与股东分红挂钩。无论是股票收入还是奖金或分红，都是风险收入，关键取决于企业经营管理者的经营业绩。激励机制是企业家成长的内在动力。

在建立对企业经营管理者约束机制方面，当前要着重做好以下几个方面工作：一是建立风险抵押约束。二是进行契约管理约束。三是要形成一个严格的监督体制。在企业内部要充分发挥股东会、董事会、监事会、党组织、职代会的作用，对企业经营管理者的行为进行监督，特别是监事会要充分发挥监督职能依法对企业经营管理者的重大行为进行监督，确保企业资产的安全。建立企业经营管理者的监督与约束机制是企业家队伍健康成长重要保证。

与此同时，要建立科学的选拔择优机制和全社会的评价机制，要在全国范围内建立起企业家经营业绩共享网络平台，一个企业家经营企业业绩的状况可以在全国的企业家信息库内进行查询，供企业在选择经营管理者和确定薪酬的参考。有了这样的选拔择优机制，激励机制才能真正建立起来，其收入才能真正遵循市场价值规律，企业家的智慧、能力才能得到最大承认，积极性也才能尽可能地调动起来。要进一步完善面向社会，通过公开、公正的竞争，择优选拔企业经营者的办法，尽快建立全国性的经理人才市场。

第十章 影响企业创新网络系统运行三大变量的控制

从上述各章分析可以看出，影响企业创新网络系统运行的主要变量有三个：组织结构、企业文化和人力资源。一个企业要想既在今天又能在未来获得成功，必须同时采取两种不同的策略。首先，必须不断地优化短期的竞争行为，这需要不断提高战略、组织结构、人力资源、企业文化与操作流程之间的一致性，这种效率策略需要把握企业的基础。单纯的短期效率并不能确保企业长期的成功。事实上，今天的成功可能恰恰增加明天失败的机会。因此，要保证企业长期的成功，企业还必须掌握另外一种策略：确知何时进行革命性创新，并且，确知如何及何时进行革命性的组织变革。因此，无论是企业的渐进式创新还是突变式创新，要想确保企业创新长期有效持续发展下去，进而确保企业的长盛不衰，就需要协调影响企业创新发展的三大变量——组织结构、企业文化和人力资源，如果我们很好地控制这三个变量在企业创新网络系统的输入变化，就能很好地控制企业创新网络系统的运行，从而确保企业创新网络系统在高效、有序、快速、持续的轨道上运行。

第一节 组织结构

对于企业创新来说，组织结构主要有以下几点作用：①优良的组织结构对企业创新网络系统有正面的影响。因为一个优良的组织结构可以提高组织的灵活性、应变能力和跨职能的工作能力，从而使创新更易于被采纳；②拥有富足的资源能为企业创新提供另一重要的基础，使得企业有能力承受创新的成本；③有利于创新的信息流在各部门之间顺畅流动，有利于克服阻止创新的障碍。

一、企业创新需要组织创新

（一）渐进式创新与组织结构

渐进式创新对经济发展和市场竞争都是至关重要的。我们知道，打字机行业的领先者凭借其技术优势和低成本的经济规模而在其行业中保持了近半个世纪的领先地位；渐进的产品改善提高了电灯的效率，同时工艺的改善使生产成本降低到原来成本的1%；同样，制冰业在其头 30 年显著提高了生产效率。这些日积月累的渐进式创新使打字机、电力照明和冷冻从奢侈产品变成企业和家庭的普通消费品，平板玻璃、摄像胶卷和人造丝及其他无数的产品都有类似经历。这种创新属于连续性创新，其创新流是连续的，从数学的角度看，它是一个连续的曲线。企业需要做的对创新的管理工作就是如何确保产品和工艺达到高度一体化。渐进式创新的组织有必要坚持不懈地重视产品和工艺性能，并致力于从各方面来改善产品和工艺性能。节约源于更有效地使用原材料、能源和劳动力资源，但也经常是减少产品复杂性工作和产品使用简单化有可能产生增值效应。重新焕发企业的生机和活力并不局限于技术选择或有效的研究和开发，企业需要比实际运用多得多的创新。

在过去的十几年里，市场的领先者采用种种方法来延长自己的市场领导地位。例如，通过确定适当的企业规模和集中度、削减管理层、设置班组，实施全面质量管理和精益制造，积极抢占时间等竞争优势。然而结果是，尽管以上每一种方式方法对支撑和发展企业都有作用，并且许多方法还具有显著效用，但是这些方法只能帮助企业在一段时间里在现有市场上发挥作用。与之相应，为确保企业创新的连续性，企业组织结构只要做些相应的微调即可满足创新发展的需要。

（二）突变式创新与组织结构

企业仅仅能在现有技术基础上连续创新是不够的，这种创新只能维持住某一阶段的存在和发展，企业要想持续存在并发展下去，还必须学会参与创新跳跃并尽力在跳跃技术产生决定性影响之前采取行动。要做到这一点，就要求企业组织具有经常注意企业外部技术环境变化，以便注意出现明显变化的先兆。

产品更新不是创造新的产业，但是，一旦突变式创新侵入现有企业的市场，现有企业难逃衰退的命运，这是打字机、石油及随后的燃气照明、摄影和制冰业及录像机的教训。把现有技术开发得更精、更细、更好也不能阻挡新企业采用新技术而抢占市场，并把反映迟钝的现有企业赶进历史的垃圾堆。因此，突变式创新对于企业业务的再生和重建是非常重要的，然而突变式的创新是难以把握的。

尽管维持创新和市场的领先地位显然需要持续和不停的创新，但对突变式创新的考察表明，即使新的有效技术已得到显著应用，企业仍坚持保护原有产品并且热心于制造这些产品。众所周知，企业产品与人一样是有寿命的，一个产品可能因一个突变式创新产品进入市场并迅速占领市场而被完全挤出市场，也可能是慢慢退出市场，并有足够的时间去准备和开发新产品。无论哪种情形，企业领导者都面临艰难的决策，因为没有预先可得的答案或普遍性的答案。

为了在以后的创新浪潮中生存下去，企业应具有重组的技巧，然而，有这种技巧的企业并不是很多。从实践中可以看出，产品超过寿命周期后，生产该种产品的厂家能幸存下来的寥寥无几。经常面临新一代产品对原产品的挑战，两代产品竞争的结果是旧产品很难在新产品市场有立足之地。依靠某一代产品占据最大市场份额的厂家很少出现在下一代产品的竞争市场上，这是很残酷的事实。但是，一些企业成功超越一代产品或工艺技术而进入新产品生产实现突变式创新的事实说明，并没有什么可怕的预先注定要失败的自然规律在起作用。摩托罗拉公司就是成功实现突变式创新的典范,它成功地实现了从真空管汽车收音机时代向移动通信和计算机芯片新产品的转化。

大量成功企业的事实表明,一切重要的变化均在于最高管理层重新正确评价员工,是员工建立和支撑了企业,并且具有学习和适应环境变化与挑战的能力。换句话说,建立一个具有开放式的功能齐全的组织结构系统,是企业实现企业跳跃式创新的重要保证。

(三) 突变式创新的组织障碍

要了解为什么现有企业难于实现突变式创新,我们需要考察企业的组织行为和企业领导者优先考虑的问题。从组织运行惯性和心理发展定势来看,拥有旧产品并带来丰厚利润的企业,常比无经验的新企业更为保守和规避风险。企业的各类管理者和组织者都习惯于保护现有产品和技术,对可能发生的变化引起的相关风险加以识别和测度。企业越是发展,企业的领导者就越有必要起到守业者而不是创业者的作用。给企业带来利润的产品必须得到精心培育,以便为企业继续带来利润。正是这些人为和组织因素所导致的错误,使以前的创造者变成抵制跳跃式变化的保守者。在一个稳定、有效但保守的组织体系里,改善现有技术、产品和工艺是大有前途的,然而这些行为常被看作是困难的、不可预测的和冒险的冲动行为;而渐进式创新则被认为能可靠地产生更快更具有预测性的结果。就连曾经采用突变式创新为企业带来丰厚利益的许多企业,到后来都在想方设法给这些类似的突变式创新设置种种障碍。不采取一种及时的方式方法取代市场上已经或即将衰败的产品只能是暂时的,因为继续使用原来的生产线会置企业于更大的风险之中,从而使企业失败的可能性加大。仅采取渐进式创新,而没有为企业未来发展做规划准备,那将不可避免地加速企业消亡。这就是为什么我国许多企业昙花一现的根本原因,这种情况在我国企业中不胜枚举。因此,为适应市场变化和技术跳跃,企业需要不断更新改造。尽管许多企业在考验面前失败,但有些企业成功地经受了考验。这些企业能不断推出有市场生命力和特色的新产品,而许多企业失去了开发新产品的持续能力,缺乏这种能力就意味着缺乏保持成功的竞争力和基础。现有企业的主要难处表现在,当突变式创新侵入和抢占他们的市场时,他们不愿放弃旧产品和接受新产品。较强的产品开发能力不一定确保企业获取商业利润,恰如其分的各种创新和能力的组合,才是保证企业盈利的重要因素。因此,企业更新的一种可行战略应该是以已有市场营销和资源配置为基础更新企业产品,另一种可行战略应该是通过增强产品开发和生产制造的优势去争取新市场。以打字机行业发展为例,随着科学技术的发展,人工打字机企业必须完成向电动打字的跳跃,然后再由电动打字升级为目前以计算机为基础的文字处理。每次考验都使产业的参与者减少一些,并向其他参与者打开大门,每次考验对长期生存都是不利的。因此,为适应以上的发展需要,必须对企业组织进行改造。

二、建立二元性组织

从以上分析可知,企业创新总是在渐进式创新—突变式创新—渐进式创新—突变式创

第十章 影响企业创新网络系统运行三大变量的控制

新……渐进式创新的循环过程,这个过程不是简单的循环,而是螺旋式的上升过程,如图 10-1 所示。

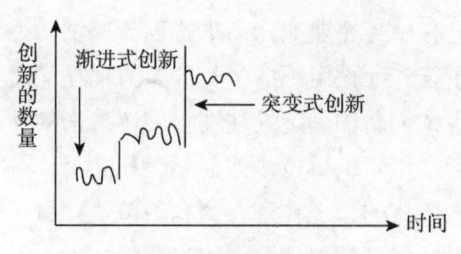

图 10-1 创新循环过程

因此,可以得出以下结论:企业的长期成功要依赖于长期驾驭的各种创新能力,而且,必须同时在企业内进行大范围的综合配套创新,建立运行有效的具有较强创新功能的企业耗散结构创新网络系统。从组织上考虑,应建立这样一种组织:能同时激发渐进式创新和突变式创新的组织。显然,现有企业组织形式能够对渐进式创新进行管理,然而却无法进行突变式创新。而且突变式创新必须伴随着更多的突变式组织变革。尽管许多企业具有实施确保企业创新持续发展的专门技术和知识,但他们内部追求稳定的力量往往会妨碍对这种技术的应用。许多企业在成功的时候总是认为自己的企业是最优秀的,对市场的变化表现出淡漠,不屑于小企业的创新产品进入市场所造成的影响,没有适时地进行跳跃式创新的组织和技术准备。这种由企业成功所带来的、具有破坏性的"创新麻痹症"是一种普遍现象。建立在内部一致性、强大的文化和不断改进基础上的管理还不足以保持竞争优势。更可怕的是,在某些相当普遍的条件下,它会使企业沉迷于过去的成功,而一旦市场和技术发生变化,则会给企业带来灾难性的后果。只有通过对创新流的积极管理,企业可以使现有技术占据全新的市场,通过积极主动引入替代产品——即使它会吞食掉现有产品,能够创新出全新的市场和竞争规则。

组织可以同时采用一种以上的经营模式来保持自己的竞争优势——既要为短期的效率而强调控制和稳定,又要为长期发展而进行创新。以这种方式运行的企业即是二元组织,它可以包容多元的、内在不一致的组织结构、能力和文化,这样可以达到两个目的:一是可以保持效率、一致性和可靠性;二是可以进行实验,实施突变式创新。

研究表明,不同种类的创新需要不同的组织硬件,如结构、制度和奖励等;也需要不同的软件,如人力资源、网络和企业文化等。在渐进式创新阶段,组织要求各部门有相对正式的角色和职责,相对集中的程序、职能结构,以效率为导向的企业文化,高度专业化的作业流程,强大的制造和销售能力,以及相对同质的、年龄较大的有经验的人力资源。这些以效率为导向的单位有相对短期的结构,而且通常人员比较多,年龄较大,具有根深蒂固和自以为是的观念和知识体系。这些组织系统有很大的惰性,与外界交流信息减少,因此活力较差,强调效率、合作及不断渐进式的改进。而在创新发展的动荡期,那些有开拓精神、重视科研的组织会带来突变式创新。这些单位相对较小,有松散的产品结构,热衷于实验的文化,宽松的作业流程,较强的进取能力和技术能力,善于吸收和学习外界的知识,相对年轻、异质化的员工队伍。这些小型组织组织效率低、盈利少,也没有光荣的历史和组织文化的包袱，敢于打破原有的规范。因此，我们需要建立这样的一种组织结构：服从于渐进式创新的旧有组织和服从于突变式创新的新型组织。这就是二元性组织。

在构建二元性组织的过程中，企业应为渐进式创新提供动力，即使这会同重塑未来的另一部分组织发生冲突。由于二元性组织的经营既要为现在又要为将来打算，因而必然会产生冲突。但是，今天渐进创新的确定性往往会破坏未来的突变式创新的潜力。这些不同类型的创新的内在矛盾导致了组织单位之间的不满和冲突，一方面是历史上曾获利丰厚的、较大的、有效率的、老资格的、现在还在赢利的单位；另一方面是年轻的、有开拓精神的、敢于冒险的、正在吸纳资金的单位。由于组织的权力、资源和传统通常集中在旧单位里，它们常常试图蔑视、贬低或者取消那些有开拓精神的单位。因此，管理队伍不仅要保护那些有开拓精神的单位使之合法化，而且要使之从物质上、文化上和机构上都与组织的其他单位分离开来。例如，海尔在外国设立研发中心，既可满足外国对海尔产品的需要，也可达到上述的目的。只有很好地协调好二元组织的各种资源，才能实现渐进式创新向突变式创新的顺利转变。

组织进化要经过漫长的渐进式变革期，这与企业渐进式创新发展是相对应的。但是这一过程会不时被突变式的变革所打断。通过突变式的组织变革，组织可以从今天的强大走向明天的更强大。这些战略上的重新定位势必将伴随着在塑造创新流上的战略选择——在主导设计、结构性创新和产品替代上做出选择。如果不积极主动地进行战略上的重新定位，那么企业迟早要处于被动。被动进行重新定位或转变风险更大。因此，要在全企业内建立这样的管理组织：他们既要为企业短期效率而同时对战略、结构、能力、工作流程和文化进行管理，又要为企业未来的战略性创新创造条件。

第二节　企业文化

企业创新是企业在竞争中不断寻求新的平衡点与发展永恒动力的自我否定与自我超越的过程，企业文化创新跟进是创新成效的不可或缺的连续行为，因为企业的任何一项创新首先是观念创新、文化更新与再造，所以只有企业具备了创新型文化、学习型文化、开放型文化、兼容型文化，企业创新才能更具活力和生命力。充满创新精神的企业文化通常有以下特征：①兼容性。能接受模棱两可和容忍不切实际；②学习性；③开放性；④承受风险。一是鼓励大胆实验；二是有危机意识，正如张瑞敏所说："中国下一步将更加开放，国际企业的进攻将更猛烈，我们的观念、思维方式将面临更大的挑战，如果有丝毫的满足，观念更新的步伐有丝毫放慢，海尔品牌将会在一夜之间被淘汰出局，这决不是耸人听闻"；⑤注重结果甚于手段；⑥强调开放系统。适应环境变化，并及时做出反应。

一、企业文化的重要作用

企业文化对促进或阻碍企业创新发展都有重要的作用。有些企业文化能促进企业创新

第十章　影响企业创新网络系统运行三大变量的控制

发展，而有些企业文化则阻碍企业创新发展。企业文化对促进企业创新发展具有重要作用。

文化可以被看成是具有群体或组织特征的规范与价值观，即企业文化是一种由决定企业成员特定态度和行为的共有价值观和规范所形成的体系。企业文化是群体形成的对企业可接受的态度和行为的期望。对于不同国别或不同地区的企业来说，企业文化是不同的。企业文化对员工态度和行为起着很大的决定作用，影响到对有关事件的看法和行为，支配人们行为的规范和价值观。因此，文化具有进行群体控制的重要作用。在企业内部，对什么是正确的、什么是错误的、什么是有效的、什么是重要的、什么是不重要的等问题，存在极大的一致性。

最高管理者无论宣称什么是重要的，企业中的大多数人很快便会由此推测出什么是真正最重要、最值得考虑的，并由此引导应如何去行动。这些共有的一致性和群体期望在群体和企业内部构成了一种有利的、普遍的群体控制机制——一种比某些正式的控制机制更能使我们表现得强大和有效的机制。在这里，企业文化既不是最高管理层所憧憬的前景和价值观，也不是仅仅拥有一种经过正式表述的企业价值观，或几张员工在钱夹中所携带的薄纸片，因为并不能保证这些价值观为员工所共同拥有。因此，管理者应关注真正被员工所共有的规范和价值观，关注能指导人们行为的非正式的习俗、礼仪和语言等。

为了充分利用企业文化进行群体控制，首先，必须在以下问题上达成共识：某些特定的价值观、态度和行为。但是，仅仅取得一致是不够的。通过足够的宣传，如质量或为顾客服务等企业所崇尚的价值观可能被广泛认识，然而这并不能保证它必定发挥作用。因此，要具备一种强有力的文化和规范。也就是说，共有这种价值观的员工必须能足够强烈地感觉到它。其次，从长远管理角度来看，在企业实现企业关键任务的过程中，管理者通过对什么是重要的、什么是应该关注的、什么是不适当的、什么应是不可忍受的等问题提供明确而一致的信号，这样就能促进员工看法的集中，有助于员工以一种从战略观点来看是适当的方式对事件做出理解，企业的群体控制机制的作用得到发挥。

二、创建有利于企业创新发展的企业文化

由于企业创新包含着不可预测性、冒险和不规范的解决方法，因而有效的企业文化管理是促进企业创新的重要方法之一。但是，我们要明确哪类企业文化有利于促进企业创新，其特点是什么。通过考察国内外有关企业，企业应创建具有以下特点的有利于促进企业创新的企业文化。

（一）支持冒险和变革

由于企业创新具有不可预测性、冒险性和不规范的解决方法的特性，因此，只有具有支持冒险和变革的企业文化才能促进创新发展。这就要求企业建立专门的机制来激励创造性和冒险性，因为这样做比提供一种金钱奖励制度更重要和更有效。文化上的调整有时涉及对奖励制度的修改。然而更经常的情况是，需要企业管理者完全利用自己的远见卓识来为富有创造性的尝试提供非正式表扬，鼓励员工大胆实验和发挥想象力。同时，还要求企

业真正理解和关注员工的价值观和需要。例如，对瑞士的药剂师的激励方式不同于对旧金山的零售人员的激励方式，也不同于对在日本生产企业中的管理人员的激励方式。因此，一旦企业文化中对冒险和变革的激励和表扬与特定的环境相适应，便能够激发创造性。为此，企业必须以一种与员工的基本价值观相一致的方式来设计这些奖励方法。鼓励冒险和创造性能够激发员工对创新的积极态度，促进员工进行超常规思考。因此，企业必须给员工传达这样一种一贯的信息：对现状提出挑战是企业所期望的，只有勇于挑战现状的员工才是具有真正创新精神的员工。

（二）宽容失误

企业文化要有利于激发员工的创新精神，还必须具备对个人和企业失误宽容的特点。宽容失误说起来容易做起来难，因为当企业领导人员说可以犯错误时，不用说，大多数人都会持怀疑态度。所以企业可以通过让员工明确哪类冒险和失误是允许的，以便部分消除这种怀疑。但是这并不是说可以随意有失误，而是只有建立在分析、有助于学习、影响不太大的基础之上的失误才应是允许的。对那些经过尝试但没有取得成功的人，必须继续给予支持。随着员工认识到企业所展示的创新，看到同事所获得的奖励，听到同事对这种奖励的议论，并发现善意的失误不仅会得到宽容甚至可能受到表扬，此时，创新动力必然会得到提高。当企业强调不要犯错误，并且总是对那些犯错误的人进行惩罚，则企业就会失去创新的活力。

（三）具有合作精神

当企业引进一种新产品、新工艺或新技术时，都会改变旧有的行事方式。如果企业团体能有效地运作，并且能紧紧把握住共同的目标，公开地共享信息，推行所需的创新必然能得到促进。

如果员工之间相处融洽、相互尊重，能够理解他人的观念和行为方式，能够化解不一致，能够有效地沟通，则必然能够促进企业团体作用的发挥。这种有效性一部分是建立在可以学习的技能和能力的基础上，一部分是建立在团体共有的期望（如相互尊重及如何处理差异）的基础之上。如果企业团体具有共同的价值观和共同的目标，创新的推行同样会得到促进。无论是企业还是企业中较低层次的部门，一幅共同的前景，便是一种对员工进行协调和在情绪上调动他们的有利方式。在内部不存在这种共性的企业或团体中，创新的推行必将更加缓慢，因为员工形成的是与此根本不同的观点和信念。

创新的推行还依赖与公开信息的共享，这里信息包括好信息和坏信息。团体要有效发挥作用，员工就必须以应该的方式来处理问题，而不是以自己喜欢的方式来处理问题。例如，在斯普林菲尔德再生产公司，总裁杰克·斯塔克相信，除非所有的员工都了解企业的财务数据，否则他们将不知道自己的工作如何才能对整体做出贡献。因而，所有的员工都接受了培训，学习如何阅读财务报告，如何解释会计数据。这种信息的广泛传播不仅强化了理解与合作，而且向员工传递了这样的信号：员工受到信任，并且企业与员工之间具有对等的义务。这样将极大地激发员工对创新的认同感和推动创新发展的积极性。

第三节 人力资源

一、人力资源对企业创新的影响

人力资源是企业创新的决定性因素，因为企业创新来源于企业员工的创新思想，来源于员工的创造力，来源于职工的整体素质。而影响员工创新的主要因素有：对员工创造力的组织；对企业员工的培训，以保持员工的知识得到及时更新；企业员工的不断学习，互相迅速交流信息。创新系统必须要有才可用和有才能用。为此，创新管理目标之一就是一方面要加强创新人才的培养；另一方面也要激活用人机制，其中关键的一点就是要促进人才流动。西方国家在这方面已经走在前面，并且随着情况的变化而不断及时推出新的政策。例如，英国政府提出终身学习的要求，并且发表新的"英格兰的国家学习目标"。

二、制定正确的人力资源政策促进企业创新发展

企业的人力资源政策应围绕企业创新发展政策制定，使企业的人力资源政策与企业创新发展目标保持一致。企业为确保长期持续发展下去就必须有明确的创新目标，并在创新方面投入大量的人力、物力，以推动企业创新的快速有效发展，从而确保企业的长期稳定发展。因此，企业的人力资源发展目标必须为企业的发展、为企业的创新服务。要使企业人力资源更好地、源源不断地为企业创新和发展提供人力资源，应当做到以下几点。

（一）正确制定人力资源发展战略

每个企业都有自己的企业发展战略，企业都要将发展战略进行分解，如生产发展战略、产品发展战略、企业创新发展战略、市场发展战略及人才发展战略等。因此，企业必须根据分解的企业创新战略制定企业人力资源战略，以确保企业创新发展对人力资源的需要。人力资源发展战略应具备以下几点内容：

（1）确保员工忠诚并全身心地投入企业发展中。
（2）确保员工的发展目标与企业的发展目标取得一致。
（3）建立灵活的员工进退机制，确保企业创新发展对新员工的需要和富余员工的顺利退出。
（4）培养一支具有创新精神和思想活跃的员工队伍。

（二）建立有效的激励机制

在企业创新中确保员工队伍特别是高级管理队伍的凝聚力是十分重要的，而灵活有效的激励机制对调动员工的积极性，增强员工队伍的凝聚力是至关重要的。激励包括物质的也包括精神的，既有正式的也有非正式的。因此，企业建立有效的激励机制明确哪些是应该奖励的，哪些是不应该奖励的，哪些是将来会得到奖励的，至关重要。要积极地衡量和

评价那些可以使员工队伍产生主动创新的行为，对员工队伍积极进行合作、发挥协作和快速的开展创新及适应创新发展的行为进行正式的评价，通过综合运用明确的正式和非正式奖励办法，就能使员工队伍特别是高级管理队伍认识到：企业对创新是认真的，全力支持员工对企业创新所做出的努力。这样员工就会全身心地投入并服从企业创新发展的全过程。

（三）加强对员工的培训和考评工作

随着知识经济的快速发展和企业创新发展的不断深入，员工的知识、技能和文化理念也需要不断地进行更新以适应创新发展的需要。因此，就需要经常地有计划地根据企业创新发展战略对现有员工进行培训以适应企业创新发展的需要，确保员工的知识结构和文化素养符合企业创新发展的需要，减少和消除员工对企业创新的抵触情绪，并为企业创新发展提供所需的人力资源。当企业要进行一项创新时，在进行培训前，企业要对员工进行认真的评估，对员工的有关能力和素质做出正确的评价，明确哪些员工符合创新要求，而哪些员工经过培训和哪些培训后能达到要求，有多少员工经培训后仍不能达到要求需要从社会上进行招聘。对于需要进行培训的员工按企业制订的培训计划进行培训，对于不足的需要从社会招聘的员工由企业的人力资源管理部门根据企业创新发展需要，按照人力资源管理制度进行招聘。

三、建立学习型组织

企业要进行持续的创新发展，就要不断提高员工的自身素质。而提高员工的自身素质，除了有目的地进行培训外，很重要的一条就是靠员工的学习活动。特别是在现代社会，企业管理的方式更趋向于柔性管理，即主张企业与员工进行更多的沟通，使企业理念与员工的理念更加取得一致，员工忠诚于并全身心地投入企业工作中。员工在为企业工作时也在提高自身素质和竞争力，同时企业在用人的同时更加注意对员工培养并提高员工的素质和竞争能力。企业已经从用员工干工作的理念转变到用工作培养出人才的理念。员工也注重寻找能培养自己竞争能力的工作。因此，企业除了组织好看得见的培训外，还要注重随机和不连续的学习活动，即建立学习型组织。

学习型组织，就是通过不断学习来改革组织本身的组织。学习在个人、团体、组织或者组织相互作用的共同体中产生。学习是持续性的并可以战略性地加以运用的过程，而且可以统一到工作中或者跟工作同时开展。学习不仅导致知识、信念、行动的变化，还增强了组织的创新能力和成长能力。因此，我们可以把学习型组织定义为是把学习共享系统组合起来的组织。对于一个企业来说，学习型组织必须具备以下条件。一是学习应在个人、团体、组织、社会这四个层次上产生，并且改革和变革组织的形态；二是要提出创建学习型组织的六个行为准则：创造不断学习的机会、促进探讨和对话、鼓励共同合作和团队学习、建立学习及学习共享系统、促进成员迈向共同愿景、使组织和环境相结合。

通过立体的多种形式的持续性、自发的以及共享的学习，可以极大提高员工素质和适应创新变化的能力，并促进企业创新发展。把企业建立成学习型组织具有重要意义。一是

第十章　影响企业创新网络系统运行三大变量的控制

可以极大提高企业成功的概率，并且展示了有与走在最前列的组织齐步前进的希望；二是学习型组织具有产生知识的作用；三是促进企业创新发展和提高员工适应创新变化的能力。因此，企业要制定有利于企业向学习型组织转变的政策，为企业员工进行学习创造环境，制定相关的政策鼓励学习型组织的成功，使员工觉得有个很浓的学习环境，有强烈的进步要求，从而使员工觉得企业时刻在帮助他们，这样对调动员工积极性促进企业发展和企业创新具有重要意义。

衡量一个企业是否是学习型组织的标准有以下几点：
(1) 员工在企业决策中的参与程度。
(2) 信息的共享情况，是否建立学习的共享系统。
(3) 对实现目标是否有考评标准。
(4) 内部各部门之间是否进行充分的交流。
(5) 对学习是否有灵活的奖惩制度，有提高效率保证目标实现的措施。

企业如何建立学习型组织呢？美国圣吉教授在研究了大量企业兴衰史和参加了大量的企业管理实践后，总结得出：要在快速变化的市场中，建立学习型组织，必须具备两方面能力，即应变和适应能力及远大理想、创造未来的能力。要达到如此境界，必须具备五项修炼的技能。

第一，自我超越，即"学习如何扩展个人的能力，创造出我们想要的结果，并且塑造出一种组织环境，鼓励所有的成员自我发展，实现自己选择的目标和愿景"。自我超越是学习型组织的精神基础，它是个人终身学习的过程，也是组织学习的前提，其要旨是组织中的个人要学会产生和延续"创造性张力"。因此，"自我超越"的第一步就是要建立个人"愿景"，即个人追求目标；第二步是诚实地认清自己所面临的现状，努力去实现这个愿景。

第二，改善心智模式，即"持续不断地厘清、反省及改进我们内在的世界图像，并且检视内在图像如何影响我们的行动和决策"。心智模式是一种思维范式，一种植于人们内心的思维逻辑。它影响着人们对社会和事物的认识及对此采取的行动。每个企业组织都有自己特定的心智模式，改善心智模式实际上是要求企业组织能够不断地随着环境的变化，适时调整甚至革新企业内部的习惯行为。改善心智模式的修炼可以通过对自己心智模式的反思和对他人心智模式的探询来实现。

第三，建立共同愿景，即"针对我们想创造的未来，以及我们希望据以达成目标的原则和实践方法，发展出共同愿景，并且激起大家对共同愿景的承诺的奉献精神"。共同愿景不但体现了企业组织未来发展的远大目标，而且被组织成员所接受，同样体现了组织成员的愿景。建立共同愿景不是将个人愿景简单汇集，而是在个人愿景互动成长的基础之上最终形成。其目的是让组织成员主动而真诚地奉献和奋斗，而不是简单地服从和投入。

第四，团队学习，即"转化对话及集体思考的技巧，让群体发展出超乎个人才华总和的伟大知识和能力"。团队学习是学习型组织的第四项修炼，其主要目的是发展成员整体合作与实现共同目标能力的过程。团队学习建立在"自我超越"和"共同愿景"基础之上，通过运用具有三个基本条件的深度会谈和讨论两种方式，使组织成员注意到思维的集体性本质，团队可以互相帮助，使成员对思维的不一致更加敏感并减少对不一致的不安，通过学习使集体思维变得越来越有默契。

第五，系统思考，"思考即形成了解行为系统之间相互联系的方式"。系统思考是五项修炼的核心，它注重系统和动态的观点，其精髓在于心灵的转换，即观察环状式而不是线段式的因果关系，观察连续的变化过程，而非片段的个别事物。

五项修炼之间具有很强的相关性，每一项修炼的成败都和其他修炼成败密切相关。必须同时协调进行五项修炼，缺一不可。五项修炼是一个过程，建立学习型组织也是一个过程，而且是一个长期和艰苦的过程。

根据本章论述，我们将影响企业创新发展的三个主要变量分析总结如下：企业中组织结构、企业文化和人力资源是决定企业创新发展变化的三大变量，只有控制好三大变量并调整三大变量的输入量的大小，才能真正把握企业创新网络系统的运行规律，使之符合企业的发展战略规划。因此，如何综合分析并协调三大变量发展是摆在企业管理者面前的一项重要而紧迫的任务。

如果将企业创新用 y 表示，则影响企业创新的三个变量可用 x_1、x_2、x_3 来表示。则有函数公式：

$$y=f(x_1、x_2、x_3)$$

上面的公式中，任何一个变量的变化都会直接影响到 y 值的变化，因此要使 y 值最大化，就要对 x_1、x_2、x_3 进行综合分析，得出一个相对稳定的值。但在实际中要完全达到是不可能的，这三个变量值因企业的不同而不同。可根据企业创新网络系统最优管理法对上述函数公式进行分析，以进一步确定协调三个变量之间的关系，使得企业创新获得最优解。并通过努力，让这三个变量趋于各自的稳定值，因此也就可使 y 值趋于最大，从而达到管理的目的。因此，可以采取多种办法将影响企业创新发展的三个主要变量控制在一定的空间范围内，即给三个变量设定一个变化的上限和下限，以确保企业创新发展在可控的范围内运行，这种对企业创新的管理方法可称为企业创新模糊管理法，其主要方法是运用模糊数学的基本原理对企业创新进行管理的一种方法。管理原则是协同配套，整体推进。

第十一章 企业创新管理环境系统研究

第一节 建立国家创新网络系统推进企业创新发展

企业创新网络系统是国家创新网络系统的子系统，每个企业创新网络系统都离不开国家创新网络系统。国家创新网络系统为企业创新网络系统的运行提供最有力的保证，是企业创新网络系统运行的决定性因素。而企业创新网络系统的发展反过来又促进国家创新网络系统的发展。因此，建立一个高效、有序、快速、稳定的国家创新网络系统，是建立企业创新网络系统的前提。

一、国家创新网络系统的基本概念

国家创新网络系统是指一个国家内各有关部门和机构（包括企业、科研机构、教育培训机构、各级政府及致力于创新技术和知识转移的中介机构等）间相互作用而形成的推动创新的网络，是由经济和科技组织机构的创新推动网络，其中企业创新是国家创新网络系统的核心创新网络系统。

创新涉及新思想、新发明的产生、产品设计、试制、生产、营销和市场化等一系列活动，涉及多个部门和组织。从国家创新网络系统的构成来说，企业、大学、科研机构、中介机构和政府部门是创新系统的主要组成部门。因此，政府及金融、法律、文化等因素也都是影响创新的重要变量。所以对创新效率的考察，必须从系统整合的角度出发。而政府在创新系统中的作用十分重要。

近年来，对国家创新网络系统的研究不仅关注企业创新，还关注知识在国家经济发展中的作用，重视在国家层次上知识的生产、传播和应用。国家创新网络系统的制度安排和网络结构是一个国家创新活动的重要决定因素，通过影响知识的生产，进而影响经济发展。这种结构是由产业界、科技界、政府在发展科学和技术中相互联系与交往而形成的。

（1）企业是创新的主体，是创新投入、产出及其收益的主体。只有建立起完善的、功能齐全的、运转有效的企业创新网络系统，才能建立起完善的国家创新网络系统，可以说企业创新网络系统是国家创新网络系统的核心子系统；反过来，建立了良好的国家创新网络系统,将更加有利于促进企业创新网络系统的运行。两者之间是相辅相成、相互作用的。国家创新网络系统是否有效,最终要反映在企业创新网络系统的运行是否有利于促进企业创新的发展,是否有利于提高企业的核心竞争力。

(2)科研机构在国家创新网络系统中的主要功能是开发新的已有较强共用性质的创新"原材料"或叫"公共产品";它是创新知识发展的基础,对国家社会经济发展和国家竞争活力有着深远的影响。为了使科学知识产生最大的公共利益,实现其社会目标,一般来说,由政府承担着大部分的科学知识研究与开发的投入,主要投入在基础研究和应用研究中,其任务由大学和国立科研机构来执行。另外,企业也在不同程度上开展自己的基础研究,其目的并不仅是要生产多少科学知识,而是要掌握该领域的发展动态,以便更好地抓住发展企业创新的机会。知识经济时代的来临,强化了科研机构和高校在国家创新网络系统中的作用,因为企业的创新活动越来越依赖于它们生产的知识。国家创新网络系统中的科研机构包括国家科研机构和部门科研机构,也包括地方政府所属的地方科研机构及民间的非盈利科研机构。

(3)以高等院校为主的教育和培训机构是知识生产、应用和传播中的重要环节,其主要功能是传播知识,开发具备必要技能、知识和创造力的人力资源及不断提高人的素质。从根本上说,创新依赖于人的素质及创新思维能力的提高,没有一支高水平的人才队伍,新的知识难以产生;而没有一定规模的知识,就不可能有与知识经济时代相适应的创新产生。没有宏大的高素质的劳动者队伍,就难以掌握和运用新的知识和技术,技术成果也难以转化为现实生产力,创新难以得到传播和扩散,知识创新和知识转移也就难以顺利进行。

(4)中介机构是沟通知识流动尤其是沟通科研机构与企业之间知识流动进而促进企业创新发展的一个重要环节。各国都把中介机构的建设看作政府推动知识和技术扩散的重要途径。创新网络系统是一个以市场调节为基础的资源配置系统,只有处在市场竞争中的企业能够做到。但由于创新过程内在的技术的不确定性、市场的不确定性、权益分配的不确定性和政策环境的不确定性,以及市场机制在激励创新中的不完善,从而需要政府的一定程度的组织和协调,需要政府负担起应负的责任并对相关的各项事务发挥重要作用,因而在国家创新网络系统中强调政府和市场机制的互补作用。政府可在为企业创新构筑良好的符合本国国情的政策法律环境和基础设施方面,以及通过政策、法规、计划、项目、采购、财政金融、服务等多种形式,影响、引导与干预创新活动的作用与效率。

孙建霞、柳新华把国家创新网络系统主要功能归纳为以下四点:

(1)创新活动的执行。企业是创新活动投入和应用的主体,市场行为占主导地位;研究机构和高等院校则主要从事知识创新、知识传播和人才培养,政府行为占主导地位。政府可根据国家的目标,采取由政府出面组织重大创新计划和项目、组织产学研合作、推广创新成果、开展国际合作与交流等多种形式,促进知识、技术和人才的合理流动。

(2)创新资源的配置。国家创新体系应包括有利于创新活动的国家宏观调控(财政手段和金融手段)体系、人力资源管理体系、教育与培训体系、信息服务体系和创新资源分配体系。

（3）创新制度的建立。国家创新网络系统应为全社会的创新活动提供良好的制度环境，具体的工作包括政策和法律的制定、知识产权的保护、维护国家和公众的利益、规范创新主体的行为等。

（4）创新基础设施的建设。国家创新网络系统应能为创新活动提供良好的条件，包括国家科技基础设施、教育基础设施、情报信息基础设施等。

二、完善和发展我国国家创新网络系统的原则和政策选择

（一）完善与发展国家创新网络系统的原则

1. 市场机制的原则

国家创新网络系统必须以完善的市场机制为基础。只有建立在市场机制之上的国家创新网络系统才能充分利用经济杠杆调动和激励国家创新的发展，从而有利于建立完善而有效的国家创新网络系统，进而确立起创新的激励机制，发挥企业的创新能动性，逐步使企业成为技术创新的主体。由于我国仍处在社会主义的初级阶段，市场经济体制处于建立的过程中，市场发育还不完善。因此，加快市场化进程，发挥市场机制激发创新的作用，是完善国家创新网络系统的重要原则。

2. 政府宏观管理的原则

与市场机制作用相对应的是政府宏观管理，在我国市场机制不完善和企业自主创新能力较弱的情况下，政府对企业创新的引导和扶持是必需的。政府的宏观管理职能主要是对国家创新活动进行宏观控制、制定法律和法规、提供政策指导和服务等，以创造良好的促进创新活动的条件和环境。这些宏观管理原则即使在市场经济体系较完善的国家也是非常必要的。

3. 开放的原则

在经济全球化的背景下，特别是我国加入世贸组织之后，我国经济的发展与世界经济的发展更加密切。因此，与经济发展密切相关的创新与国际上创新活动是密切相连的，所以国家创新网络系统之间也是相互联系、相互交流的。另外，从系统学角度来讲，国家创新网络系统只有对外开放，不断地进行信息交流，才具有活力，进而有利于国家创新网络系统的发展。

（二）我国国家创新网络系统运行目标

我国的国家创新网络系统运行目标是：建成一个以社会主义市场经济为基础，以企业为主体、市场为导向、应用为目的、创新为核心、政府职能转变为关键的体制，进一步推进科技、教育与经济的整合，促进我国科技进步与经济持续稳定增长，增强国家的创新能力和核心竞争力。在知识经济的背景下，国家创新网络系统更明确的目标是推动知识的创新、传播和使用。

（三）完善和发展国家创新网络系统的政策选择

完善和发展国家创新网络系统，目的就是要加强对国家创新网络系统的宏观管理，促

进企业创新网络系统在稳定、有序和最优轨道上运行，因此就必须充分利用政府的政策工具对国家创新网络系统进行不断的调节，使其按照国家创新网络系统运行目标方向发展。根据冯之浚在《国家创新系统的理论与政策》中的论述，完善和发展国家创新网络系统的政策选择主要有以下九项：

（1）财政激励政策。由于研究与发展本身是重要的创新源，并且具有溢出功能效应，因此，各国政府都对研究与发展，尤其是基础研究给予财政支持。财政激励政策分为研究与发展的补贴与税收优惠两大类。补贴主要支持特定企业尤其是高新技术企业的研究与发展活动，税收优惠则主要是为从事技术活动的企业提供单一的非歧视性的税收减免优惠，因而是一项具有普惠性并且间接影响创新的政府资助形式。我国应加强这两方面的激励政策。一是要加大对创新的投入，特别是加强对市场功能作用失效或低效的领域（如基础研究、战略性研究项目和教育）的投入；二是改变现行的由承担单位提供配套资金的做法，改为政府对企业的创新项目给予补贴；三是对于增加研究与发展投入的企业、对应用新技术开发新产品的企业、对产学研合作的项目等给予税收优惠，对于高技术企业应减收增值税，对于非盈利机构要减免非经营资产转为经营资产的国有资产占用税和所得税，以推动科研机构和高等院校等事业单位的改制。

（2）金融政策。政府激励创新的金融政策要着重解决创新风险分担和新建科技企业的融资问题。除在经常性的贷款项目中要对创新有所倾斜之外，要特别注意建设风险投资机制。风险资本以长期股权投资的形式提供给企业的建立、扩张和收购活动，分担企业创业和创新的风险。它在推动高新技术产业化及高新技术企业创业方面的作用已被世界各国所承认。政府推动风险资金的最重要的措施是在股市设立第二板块，降低高技术企业上市的门坎，完善风险资本的退出机制。政府还应设立创业与创新基金，其主要作用一是作为创新项目的"种子资金"；二是扶植高技术小企业的创业；三是为企业创新项目的贷款提供担保。

（3）政府采购政策。政府采购是影响创新方向和速度的重要政策工具，它可以有效地降低创新企业进入市场的风险。采购决策通过价格、数量、标准和交货期等都对创新有影响。政府采购实施的对象主要是处于产品或产业生命周期早期阶段的创新，以及那些政府新产品（服务）的最终使用者的创新。政府采购的方式包括预付定购金、以略高于成本和进口货的价格收购等。这类采购要有严格的技术标准，要坚持平等、公开的原则。

（4）知识产权保护政策。政府应出台更强有力的知识产权保护措施，以维护持有者的权益。同时，政府应对国家出台的有关知识产权的法律法规如成果转让法等制定实施细则，加强其可操作性。当前要特别注意对发明人的激励，以及对发明人合法权益的保护，并鼓励到国外申请专利。此外，政府应关注专利的实施工作，以更好地发挥专利等知识产权在经济发展中的重要作用。

（5）中小企业政策。中小企业尤其是民营科技企业是最活跃的创新群体，在国家创新网络系统中具有重要作用。它比大企业有更大的平均创新能力，能提供更多的就业机会，经常能够成为新的经济增长点。常见的推动中小企业的措施有；政府融资、风险资金、项目支持、信贷担保等。要鼓励中小企业在创新中建立战略合作关系。

（6）人才政策。为推动技术创新，当前要特别注意培养一大批懂科技、会管理、善经营的企业经营者。可考虑稳定、引进、培养三管齐下。稳定现有科学家队伍，从工资报酬、住房、福利、职称等方面给予支持，鼓励他们投入创业与创新活动；在国际上有计划、有重点地广揽人才，吸引一批复合型人才充实到创新活动中，为创新注入新的活力；建立产学研合作培育人才的新机制。当前还应加强鼓励人才流动的政策，科技部、教育部、中国科学院、中国社会科学院都已出台了许多吸引人才的政策，但国家还没有面向全国的相应政策，在体制改革日益深入的今天，尽快出台此类政策是适宜的。

（7）鼓励创新主体间合作的政策。应打破条块分割，拆除产学研之间、各部门之间及中央和地方之间的藩篱，加强创新系统的整体集成。为此，应出台使各部门的计划在创新系统的基础上集成的政策，鼓励通过创新改造传统产业、促进地方经济发展，鼓励技术改造、技术引进和科技计划的集成，如规定大的科技计划必须有企业的参与，大的技术改造和引进的计划必须有科技部门的参与，制订大规模的产学研合作创新计划。

（8）产业政策。在知识经济时代，建设国家创新网络系统的重要方面是通过产业政策以推动高技术产业的发展和实现传统产业的知识化。它们是国家创新体系建设中产业层次上的重要内容。现在各地都有针对高新技术产业的特殊政策，应注意利用高技术、信息技术提高传统产业的创新能力和竞争力，促进国有大中企业的改革。

（9）鼓励创新国际合作的政策。随着经济全球化步伐的加快，知识的国际流动量在不断增加。产品从创新到在国际市场上流通的时间在不断缩小。我们应该利用这一趋势，以缩短与发达国家的距离。首先，应通过政策，鼓励科研部门、企业及高校开展国际合作；其次，要采取特殊政策，吸引在国外高技术企业的海外华人回国办企业，成为企业经营者，报效祖国；最后，中国的企业也要走出国门，在海外办合资企业，以学习国际上的经验，提高国际市场的占有率。

三、完善和发展我国国家创新网络系统的框架设计

（一）基本原则

1. 适应性原则

在知识经济时代已经到来的今天，我国加入了世贸组织，我国的发展与世界的发展密不可分，我国的国家创新网络系统也是全球创新网络系统的有机组成部分。因此，在完善和发展我国国家创新网络系统时，必须同全球创新网络系统接轨，必须借鉴其他国家完善和发展国家创新网络系统的成功经验。但是，由于各国的文化和历史背景的不同，这种差异性造成了创新系统的多样性和系统效率上的差异。因此，不能简单地照抄照搬别国经验。即使同是市场经济的国家，创新系统也各不相同。而且创新网络系统是一个动态的不断运动着的系统，处于不断地运行和发展之中。即使在一个国家的不同时期，国家创新网络系统的功能和特点也会发生不同的变化。因此，在国家创新网络系统的设计中必须强调适应性原则，使我们国家的创新网络系统既能与国际接轨，又符合中国国情，还能适应不

同历史时期发展变化的需要，真正能够提高效率，提高竞争力。

2. 市场性和干预性相结合原则

无论企业创新网络系统还是国家创新网络系统，都是在发展社会主义市场经济的前提下运行的，是为发展我国社会主义市场经济服务的，因此必须以市场机制为基础。另外，由于创新过程内在的创新活动的不确定性、市场的不确定性、权益分配的不确定性和政策环境的不确定性，以及市场机制在激励创新中的不完善，从而需要一定的政府干预，需要政府负担起应负的责任。如上所述，政府的宏观管理职能，主要是对国家创新活动进行宏观控制、制定法律和法规、提供政策指导和服务等，以创造良好的促进创新活动的条件和环境。对发展中国家而言尤其如此，因为这些国家的企业创新能力低。因此，在完善国家创新网络系统时，必须考虑政府作用与市场机制互补，在市场机制失效或低效的领域由政府充分发挥作用。

3. 渐进性原则

完善和发展国家创新网络系统是一个复杂的系统工程，不可能一蹴而就，需要综合发挥各方面的功能，并随着我国社会主义市场经济的不断发展而逐步建立和完善。完善和发展国家创新网络系统也是对原有系统的重大调整、改进，是一个扬弃的过程，可以说是一个渐进的创新过程，而不是彻底否定原有的系统。在变革的过程中，我们既要不失时机地积极加快完善和发展我国国家创新网络系统，又要结合我国国情和社会主义市场经济发展实际，按照渐进性原则稳妥地推进国家创新网络系统的完善和发展。

4. 配套性原则

完善和发展国家创新网络系统不能搞单项突破，必须进行配套动作，即国家创新网络系统的推进要与国家整个企业创新网络系统的推进相协调；构成国家创新网络系统的各项创新网络系统的完善和发展必须协调一致，不能只搞核心创新网络系统建立而忽视其他创新网络系统的完善与发展；同时还要注意，完善与发展国家创新网络系统必须与我国国情国力相适应，要与科技教育的发展相配套。因此，完善与发展国家创新网络系统坚持配套性原则，统筹规划、综合协调、整体推进。

（二）基本框架构成

国家创新网络系统的结构是一个国家创新活动的重要决定因素，通过影响知识的生产，进而影响经济发展。国家创新网络系统也是由核心创新网络系统、导向创新网络系统、目标创新网络系统、基础创新网络系统、保障创新网络系统和活力创新网络系统组成，其基本框架构成如下。

1. 核心创新网络系统

在国家创新网络系统中技术创新应当是居于核心位置的。因此，这个系统主要是由与技术创新过程相关的机构和组织构成的网络系统。而技术创新的核心是企业，因此企业是技术创新的主体。首先，企业创新是一项与市场密切相关的活动，企业会在市场机制的激励下去从事创新；其次，企业创新需要很多与产业有关的特定知识，它们是产业创新的基础；最后，根据新古典学派的创新理论，创新是指生产要素的重新组合，这种组合只有企业经营者通过市场来实现，这个作用是其他组织和个人无法替代的。因此，企业理应是技术创新的主体。当然，所谓主体并不是要自己完成创新的全过程，而是要在其中发挥主动的作用，在加强自身创新能力的同时，加强同科研机构和学校及其他企业的合作，以获取技术，获得知识方面的支持。

2. 基础创新网络系统

该系统是由与知识的生产、扩散和转移相关的机构和组织构成的网络系统。知识创新是指通过科学研究获得新的基础科学和技术科学知识的过程，它是核心创新的基础和源泉。其构成的核心，是政府设立的国立研究机构，也包括民间非盈利性科研机构。这些机构和高校的根本目标是开发新的具有较强公有性质的技术资源，它们不仅提供科技成果，而且提供知识、人才，并且在为实现国家战略目标的研究项目中起骨干作用。其主要功能是知识的生产、传播和转移。一般而言，高校主要从事与教学相关的基础研究，国立科研机构主要承担那些与国家利益紧密相关、涉及国计民生的高风险、耗资大的项目，而民间科研机构主要是利用其自身灵活性填补研究空白。

3. 目标创新网络系统

该系统的主要功能就是对创新的目标进行不断创新，在国家创新网络系统中如何促进知识和技术的实际应用，促使科学知识和技术知识转变成生产力。目标创新网络系统运行的主体是社会和企业，市场机制起主导作用。目标创新网络系统运行的方向是促进政府制定并执行法律、法规和政策，引导、监督和宏观调控社会和企业创新行为，以提高知识转化为现实生产力的能力和效率，促进国家创新网络系统更好地高效运行。

4. 导向创新网络系统

导向创新在国家创新网络系统中起着引导方向的作用，具有导向功能。导向创新的结果直接影响到国家创新网络系统的成败。英格尔斯认为，无论一个国家引入了多么现代化的体制和管理制度，也无论这个国家如何仿效最现代的政治和行政管理，如果执行这些制度并使之付诸实施的那些人，不能从心理、思想和行动上实现从传统人到现代人的转变，真正能顺应和推动现代经济制度和政治制度的健康发展，那么，这个国家的现代化就只能落空。历史证明，人类社会的每一次重大变革，总是以思想的进步和观念的创新为先导。特别是在进入知识经济时代的今天，我们的思维方式如果跟不上社会的发展，则很难进行观念创新，也就谈不上导向创新。因此，在建立国家创新网络系统时，必须首先建立导向创新网络系统，并使之有效运转，只有这样才能确保国家创新网络系统的有效运转。

5. 保障和活力创新网络系统

科技体制是国家创新网络系统的重要组成部分，主要或基本的功能是保障和激发知识的生产、应用和扩散。国家创新网络系统中的科技体制可以考虑分为国家和地方两个层次。在国家层次，主要侧重于长远的、前沿的、战略性的研究领域和项目，以及重大产业技术和产品技术理论原理的研究，即若从研究类型划分，主要从事基础和应用基础研究。执行单位主要是中国科学院和国务院各部门所属研究机构，经费来源主要是来自税的中央财政收入。在地方层次，则主要是为解决地方经济与社会发展中的科技问题，侧重于实验发展和技术扩散。执行单位主要是地方政府所属研究机构，经费来源主要是来自地税的地方财政收入。至于能够依靠市场调节的开发和应用类研究工作，则应完全放开，政府只起引导作用，主要依靠市场机制配置资源。

新的科技体制系统又是开放的、动态的。无论是国家科技体制系统还是地方科技体制系统，都不是一成不变的，而是随着市场经济的发展而进行动态调整。不论研究机构所处的层次，不论其所有制归属，也不论其是在高校或企业，只要是确有实力，都可以通过公平竞争承担国家或地方的研究项目，经评估后都可以被认定为国家系统或地方系统。

国家创新网络系统所处的制度环境将直接影响创新网络系统的运行效率。其他国家的经验表明，最有效的制度环境是政府与市场的互补：凡是市场机制能够发挥作用的领域和方面，就由市场充分发挥其作用，在市场失效的方面则通过政府干预加以补充。总之，在新体系中，要将企业、高校与科研机构，市场与政府，微观规范和宏观调控等，结成紧密相连、相互交织、共同发展的网络系统。

另外，教育培训和中介机构是保障和促进国家创新网络系统有效运行的重要环节。教育与培训是知识生产、应用和传播的基地之一，其主要功能是开发体现必要技术技能、知识和创造力的人力资源。从根本上说，创新依赖于人的素质及创新思维能力的提高，没有一支高质量的人才队伍，新的知识就难以产生，也难以获得应用，技术成果难以转化为现实生产力。而且，在知识不断更新的时代，只有对职工进行新技术知识的再培训，才能提高职工进行新产品开发和生产的能力，确保创新的持续发展。中介机构是沟通知识流动，提供知识服务，尤其是促进科研部门与中小企业间知识流动的一个重要渠道。

四、完善与发展国家创新网络系统的基本对策

国家创新网络系统的完善与发展有一个系统过程，从旧模式向新模式的演变需要各项改革的协同配套和深化。在我国国家创新网络系统的完善与发展过程中，应主要采取以下对策。

（一）转变政府职能

在完善和发展国家创新网络系统的过程中，政府职能和工作方式的转变至关重要。政府职能应从直接进行知识与技术管理等创新活动转向宏观调控、制定法律和法规、提供政策指导和服务等，重新确定政府在国家创新活动中的职能及完成这些职能的方式，重构政府与企业、科研院所、高等学校及中介机构的关系。政府在完善和发展国家创新网络系统中的主要职能有以下两点：

（1）采取更有力的措施，增加投入，改进管理，促进知识广泛而有效地传播；指定并实施与社会发展相结合的国家创新发展规划；促进人才合理流动，从法律、法规和政策上鼓励各类创新，特别是知识创新和技术创新，尤其要健全知识产权法规，并加大执法力度，进一步完善专利制度，使国家创新网络系统建立在坚实的法律基础之上；在全社会形成有利于完善和发展国家创新网络系统的观念环境，正确引导各项创新的发展，形成一个尊重创新、鼓励创新、保护创新、善待创新失败的宽松的创新环境和社会风气；加强创新

基础设施投入，包括国家信息基础设施、科技基地、教育基础设施、企业技术中心、科研院所和高科技产业园区的投入。

（2）政府要加强对国家创新网络系统各机构之间的协调运作，综合配套推进各项创新发展，做到合理分工、步调一致、政策统一；建立政府与企业的新型关系，确立企业创新主体的地位；加强产学研之间的合作，促进技术向生产力转化；创造国际科技合作与交流的良好环境与氛围，积极参加国际创新活动。

（二）培育和发展创新主体

在国家创新网络系统中，最核心和最活跃的创新活动是在企业中进行的。因此，企业是各项创新投入的主体，企业创新网络系统与国家创新网络系统的关系是微观与宏观的关系。在国家创新网络系统中，企业创新网络系统是国家创新网络系统的核心。

我国社会主义市场经济体制正在建立的过程中，企业还没有成为真正意义上的市场主体，因此，企业也就很难成为创新主体，造成企业创新网络系统不健全，企业创新能力弱，企业创新活动所需的各种功能和要素被分割在其他社会组织手中。例如，企业的技术开发能力很弱而国家的技术开发组织大批地独立于企业之外，由政府部门直接管理；企业缺乏合格的研究开发人员和工程师，而大量的科技人才又都积压在科研院所和高等学校之中；企业技术创新活动投入不足，而国家通过税收收走了企业绝大部分的盈利，使企业失去了长远发展的经济实力；企业需要大量成套的经过集成的工业技术，而国家科技系统所提供的主要是政府需要的技术，能向企业提供的大多是未经工程化的实验室技术或是锦上添花型的单项技术；企业技术创新要求及时准确的决策，而政府主管部门所拥有的资源和权力却经常左右着企业的行为。造成此种现象的根源在于计划体制下的企业只是生产单位，而非产权明晰、自主经营的实体，进而缺乏创新的动力与实力。因此，建立和完善我国国家创新网络系统的最重要的任务，就是培育和发展国家的创新主体，大力推进企业的改革，使企业真正成为自主经营、自负盈亏的法人实体；要进一步促使企业成为创新活动投资的主体；要进一步完善技术引进和技术改造政策，把重点放在提高企业消化吸收能力上；要进一步强化国家财政、税收和信贷对企业创新活动的激励措施；大力推进技术创新工程的实施，建设企业创新网络系统，使企业真正成为技术创新、科技投入和科技成果转化的主体，并逐步增强研究与发展的能力。

（三）创造良好的运行环境

国家创新网络系统运行的良好环境主要有以下四点。

1. 完善的法律体系

国家要研究制定和完善有关创新的法律和法规，使国家创新网络系统牢固地建立在法律的基础之上，并受到法律的有效保护。通过立法的形式反映国家和社会公众的利益，通过法律的形式规范市场竞争和创新活动，规定有关行为主体的职能、权利和义务，规定政府在国家创新活动中应当承担的责任及与其他创新行为主体的关系等。

2. 创造良好创新政策环境

国家创新网络系统的政策体系主要包括以下几个方面：一是技术供给类政策，涉及科学教育、基础研究、应用研究等方面；二是需求激励政策，涉及金融、税收、财政拨款等方面；三是基础设施政策，涉及文化、学习、制度、组织间联系、竞争等方面；四是企业创新政策，涉及企业 R&D 活动的各个方面。当前要尽快制定、出台国家产业政策和产业技术政策，产业发展的技术战略，提出并组织解决关键性的技术问题，明确各个产业中国家鼓励使用、允许使用和要淘汰的技术，并辅之以相应的政策，以此推动产业结构和产业技术升级，增加知识含量。

3. 抓紧建立和完善创新服务系统，创造良好的创新服务环境

要在强化政府的创新功能的同时，大力加强中介机构和基础设施、特别是技术类基础设施的建设。要加大对生产力促进中心和创新服务系统等中介机构的投资和建设，鼓励咨询业、技术市场及其他媒介的发展，在科技与经济部门之间架起桥梁，推动新技术的扩散。政府要着重建设和支持在科学研究前沿攀登科学高峰和为解决国家长远、关键及战略性科技问题攻关的科研基地；要大力支持和扶植具有发展前景和市场竞争力的工程中心与企业技术中心；要以多种渠道尽快建设与完善通信系统、计算机网络等国家信息基础设施。

4. 创造良好的创新社会文化环境

一方面，国家各机构的各层面负责人要积极参与创新活动，发挥在创新过程中的示范带动作用；另一方面，要运用一切可能利用的方法和手段提供有利于进行发散性思维、敢于突破旧的规范和行为模式的环境，建立起鼓励创新的激励机制和认可机制。树立国民不畏风险、勇于创新的意识，克服妨碍创新发展的各种不利因素。建立良好的创新社会文化氛围，包括创新活动所面临的各种社会因素及社会对创新的认识与看法，如全民的科学素质、公众对创新的接受程度、人们对创新失败者的容忍程度，以及人们对风险的认识程度等，还包括社会为创新活动所提供的制度建设、科技教育水平、舆论导向、文化氛围等多个方面。中国传统的文化既有有利于创新的一面，又有不利于创新的一面，我们应继承和发扬有利于创新的文化遗产。近期可从企业、教育等多个环节着手，特别要注意在学生中加强创新意识、创新能力的培养。

（四）加强创新网络系统协同功能

国家创新网络系统的一个基本功能，就是综合协调系统内部各项创新网络系统的发展，促进与创新活动相关的各个行为主体之间的联系与合作，最高效率地利用好创新资源，实现创新要素的最佳组合，确保国家创新网络系统在最优、稳定、有序的轨道上运行。必须加强国家创新网络系统的内部，各行为主体之间的横向联系（网络系统的纬线），包括同类型行为主体之间的联系，如企业之间、科研院所之间、不同政府部门之间、各类中介机构之间的联系；也包括不同类型行为主体之间的联系，如政府与企业的联系、企业与研究机构的联系等。我国在完善和发展国家创新网络系统时，在不同类型的行为主体的横向联系中，特别应当重视以下三个方面：一是强化中央政府与创新活动直接相关的各主管部门之间的分工与协调，做到机构精干、分工合理、步调一致、政策统一，使技术改造、技术引进、技术创新与科技计划有机地集成起来；二是建立政府与企业的新型关系，

政府引导企业，为企业服务，使企业成为真正的创新主体；三是尽快出台能够激励企业、科研院所、高校合作从事创新的计划和政策，加强产学研之间的合作，促进各种要素的有机集成和有效组合；四是进一步完善专利制度，充分发挥专利制度在促进国家创新和企业创新中的重要作用，制定切实有效的措施鼓励全民积极参与发明和创新活动；五是进一步健全和完善有关法律法规，加强对科技发明和创新的保护，特别是要抓紧起草和颁发《商业秘密保护法》等法律，为创新活动的顺利开展提供有力保护。

此外，一个国家的创新网络系统是全球创新网络系统的有机组成部分，必然会受到其他国家创新网络系统发展的影响，因此，国家创新网络系统内部各行为主体还必须加强与其他国家有关机构的联系，参与国际创新活动和国际市场的竞争与合作。

（五）大力推进科研院所的战略性调整

支撑我国国家创新网络系统的主要力量——科研机构的体制是在计划经济时代下建立的，目前正处在向企业化转制的过程中。根据我国国家创新网络系统的基本框架和完善与发展这一系统基本途径，按照面向市场、面向企业的原则，对我国独立于企业之外的科研院所的战略性调整已刻不容缓，势在必行。

1. 要加快科研院所市场化进程

当前，应当特别重视通过资产重组的方式，盘活科研系统的存量资产。鼓励企业，特别是国有企业，通过多种形式对需要转制的研究机构进行投资参股或控股，使研究机构的存量资产和技术积累有机地融进企业创新网络系统之中。同时，应当鼓励有实力的研究机构在转制时通过多种形式对国有中小企业进行参股和控股。通过资产重组的工作，使国有企业的存量资产和科技系统的存量资产有机地组合起来，增强企业的技术创新能力，提高国有资产的利用效率，使科技系统宝贵的资产，特别是企业技术创新活动急需的技术性资产，注入企业创新网络系统中去。这种资产重组不仅对国有资产的保值增值意义重大，对国家创新网络系统的完善与发展也有十分重要的意义。

2. 加大对部分无自我生存与发展能力的研究机构的调整力度

对难以在市场中生存的科研机构必须实施关停并转，通过撤销、兼并、解散或破产等多种办法处理。通过引进市场建立起我国具有竞争能力和自我调节能力的科研机构体系。

3. 加大贯彻落实科研机构转制政策的力度

国务院明确规定了科研机构转制的配套政策，主要在以下几个方面：一是在养老保险方面，根据"老人老办法、新人新办法"的原则提出职工养老保险办法，对转制前后离退休人员的养老保险问题做了妥善安排，做到既符合国家现行的社会保障政策，又有利于调动现在科研机构业务骨干的积极性；二是在税收方面，提出从 1999 年起 5 年内，免征企业所得税，免征其技术转让收入的营业税，免征其科研开发自用土地的城镇土地使用税；科研机构进入企业仍然从事科技开发并实行独立经济核算的，享有上述同等免税政策。此外，还有享受国家支持科技型企业的待遇，享有自营进出口权，享有与其他科研机构同等参加国家科研课题和项目申请、竞标的权利等。以上这些配套政策为科研机构转制创造了比较好的政策环境，将有力地促进科研机构平稳转制进入市场参与竞争，在竞争中发展壮大。因此，国家创新网络系统所涉及的各个方面都要努力贯彻好国家出台的这些政策，为促进科技产业化、大力提高国家创新网络系统功能和我国科技创新能力做出更大贡献。

第二节 建立和完善企业创新服务系统

一、创新服务系统的含义

为促进企业创新管理的顺利进行，加强对企业创新的管理，进一步推动企业创新的发展，必须有一个能够为企业各项创新发展提供全面、高效、优质服务的服务系统，该系统与企业创新网络系统密切配合，相互作用。

（一）服务业及创新服务系统

服务业是若干行业的总称。一般来说，它是指具有一定设备、工具、知识、技能，提供服务品，满足社会生活需要和生产需要的行业和部门。服务的结果一般不以实物形式加以体现，从而使服务与一般生产的概念有所不同，服务产品与一般意义上的商品也有所不同。根据我国对第三产业的分类：流通和服务两大部门，具体又分为四个层次：第一层次为流通部门；第二层次为生产和生活服务部门；第三层次为提高科学文化水平和居民素质服务部门；第四层次为社会公共需要服务部门。

从服务业的角度来看，企业创新服务系统集中于第三产业的第二、四层次，而且都属于为生产者服务的范畴之中，不包括为居民服务的部分。

（二）创新服务系统构成

根据上述定义，从《国民经济行业分类和代码》来看，我国企业创新服务系统包括：金融业、租赁服务业、信息咨询服务业、计算机应用服务业、其他社会服务业、综合技术服务业、国家机关七大类别。在新兴的行业中，风险投资应纳入金融业，孵化器也可列为风险投资的一个类别。

从管理分类来看，企业创新服务系统可分为三个子系统：政府服务子系统、专业技术服务子系统、金融服务子系统。从企业创新服务的主体来划分，可分为"政府"和"非政府"两大类，在非政府的服务行业中，有很多是以专业知识和专门技能提供服务的，我们称为"专业技术服务"。

二、创新服务系统的建立与完善

（一）加强政府创新服务

当前各发达国家和新兴工业化国家政府无不把高新技术化和全球化作为奋斗方向，因此也都在努力加强其创新服务。市场经济发达国家的经济活动是以市场为基础，以企业为主体，政府的基本服务在法律、舆论及社会监督之下已趋完善，因此，政府机构的创新服务集中在政府所属科研成果的转化方面。以美国为例，从第二次世界大战到"冷战"期间，美国政府以巨资建立并扩张国家实验室体系。20世纪60年代后，政府开始采取技术转让政策。80年代，美国国会通过了一系列促进联邦政府实验室向私营部门技术转让的法律，政府则强调废除被认为是妨碍创新的联邦管制，为企业提供有利于创新的环境。90年代后，联邦政府直接介入技术转让活动并促进其商业化进程。1993年11月，在克林顿政府任内，成立了全国科学技术委员会（NSTC）以协调联邦政府的科技政策，有效管理联邦政府的R&D活动。由此可见，半个世纪以来，政府的创新服务是从技术生成向技术转化不断延伸。目前，美国联邦政府各部门及独立机构，凡使用联邦R&D经费比例较大的，一般都设立了技术转让办公室或相应机构，包括国防部及其各军事部门、卫生和人类服务部、航空航天局、能源部、农业部、商务部等。各部门的技术转让机构有着大致类似的职责范围、服务方式、服务业绩等。其中，美国商务部在创新服务中扮演着十分重要的角色，商务部所属的技术管理局被认为是唯一促进技术并对美国经济贡献最大的联邦机构，其下设技术政策办公室、国家标准与技术研究院、国家技术信息服务局，这三个机构都具有促进技术转让的职能，都为企业创新提供服务。此外，商务部所属的国家技术转让中心、联邦政府所属的研究机构（有的称为实验室，有的称为研究中心）在为企业创新方面提供了重要的服务。

与国外相比，我国经济体制正处于向市场化、企业转轨之中，因此政府部门亟待加强的企业创新服务多为一些初级服务。随着社会主义市场经济体制的建立，我国政府创新服务主要应抓好以下几个方面的工作：一是借鉴国外一些发达国家的经验，进一步完善和规范政府创新服务机构，制定一系列有利于企业创新服务政策措施；二是进一步完善和加强国家创新体系；三是加强为中小企业的创新服务；四是要强化地方政府在创新服务中的重要作用。地方政府创新服务就是指地方政府的各职能部门在职责范围内，围绕技术成果转化、高技术企业诞生与成长、现有企业技术创新等产业化活动所提供的直接服务。因此，强化地方政府创新服务就是要求科委、工商管理局、司法局、财政局、地税局、教委、经贸委、农委等部门提高创新服务意识、观念并加大改革力度。

（二）建立和完善专业技术服务

从市场准入的角度来看，专业技术服务业可以分为两类：第一类是需要由政府授予执业资格的，第二类则是无须政府批准即可执业。从创新服务的角度来看，这两类服务中都有许多职业与创新服务没有什么特别关系；而第一类中现在被称作"经济鉴证类"的服务业，大多与创新服务有关。在此，仅就经济鉴证类服务业的发展提出一些看法：一是由于我国经济鉴证类专业技术服务业发展比较晚，所以有许多地方不够规范，需要进行整顿和规范，目标是解决乱办、乱管、乱执业等突出问题，实现脱钩改制、归类合并、规范发展；二是加快立法步伐。目前我国与专业技术服务业相关的立法，除《注册会计师法》等少数法律之外，均为行政法规，法制基础薄弱。因此，一方面要对现有的有关法律，特别是部门规章进行清理。凡是与规范发展专业技术服务业不相适应的法律条款，都要进行修改，部门规章予以废除，并加快相关立法步伐；三是规范执业人员和执业机构，进一步提高执业人员素质，执业机构必须实现"自主经营、自担风险、自我约束、自我发展"的目标，要按照国家有关法律、法规规定的组织形式，由具有专业执业资格的人员投资发起设立（具体形式有：合伙制、有限责任制和个人独资制）；四是加强专业协会的建设，赋予职责，明确责任，强化专业自律管理的权威性，提高行业管理水平和质量。

（三）积极稳妥地发展区域金融服务

创新是马达，金融是燃料。美国等发达国家之所以能够成功开创新经济，其主要原因之一就是建立了完善、全方位和强有力的金融机构，金融服务业非常发达，能及时持续不断地为企业创新发展提供各类金融服务。而区域性金融是整个金融体系中极为重要的组成部分。为促进高技术产业发展，大力推动企业创新，应注重培育区域性金融机构和区域产权交易市场。

在我国，金融业的垄断和统一比其他行业更为突出，使得"体制内金融"几乎就是全国性金融的代名词，体制外金融更是薄弱的难以适应我国经济发展特别是企业创新发展的需要。因此，在推进我国金融体系深化改革的同时，地方政府应该注意培育的区域金融机构，包括本地区的商业银行、城市信用合作社、农村信用合作社、信托投资公司、风险投资机构、信贷担保机构等。培育的手段包括建立信用机制、加强金融监管、杜绝行政干预、总结推广约束机制和激励机制、探索新的融资方式等。

当前，我国各方面对创新金融的关注，主要是集中在国内二板市场上。但是应该认识到，即使在美国，风险投资通过上市退出的比例也只有30%，高技术企业挂牌上市的比例更低。股市固然重要，区域性产权市场更重要，因此，地方政府应该在培育区域产权市场方面多下功夫。要注重加强对产权交易中心特别是技术产权交易中心的建设，规范交易行为。

第三节 促进企业成为创新主体的政策措施系统

一个企业的创新系统是否能顺利建立，企业创新能否有效开展，取决于该企业是否成为市场真正的主体，进而是否成为真正的创新主体。由于我国市场经济体制正在建立的过程中，企业行为的市场化程度还比较低，因此，除技术创新在部分企业初具规模外，全面创新活动尚在萌芽之中，还远远谈不上成为真正的创新主体，所以，我们要制定一系列的政策措施，大力促进我国企业成为创新主体，只有成为创新主体，才能培育出具有核心竞争力的国际大公司、大集团。

一、积极推进国有企业战略性调整

国家要采取有力措施，大力扶持和支持在国民经济的关键领域和重点行业，形成30~50家具有自主知识产权、主业突出、核心竞争力和核心创新能力强大的公司和企业集团，使其成为参与国际竞争、促进企业创新扩散的骨干,成为促进结构调整和企业创新的依托,成为国民经济发展的中坚力量。

培育和组建有国际竞争力的大公司、大集团,主要应抓好以下几项工作:一是加快股份制改造的步伐,推动企业在境内外上市。要在总结已经在境内外上市企业经验的基础上,根据资本市场和企业的具体情况,继续推动大企业到境外上市,支持更多有条件的企业在国内上市,推动企业按照国际惯例经营,规范操作,转换经营机制,加强内部管理,促进我国企业转换经营机制;二是制定有关政策,鼓励企业突出主业,加大核心创新力度,促进企业建立创新网络系统,增强核心竞争力。对大公司、大企业集团来讲,要采取有效措施抓紧建立技术中心,不断提高研究开发费用在企业销售收入中的比重,形成有利于技术创新和科技成果转化的有效机制,拥有一批有自主知识产权的技术和产品,形成创新持续发展的运行机制,要尽快形成在国内外市场上具有较大影响的知名品牌。逐步建立面向全球的销售网络系统和服务网络系统,增强市场营销能力;三是精干主体,分离辅助,精简富余人员。要根据国家已经出台的各项有利政策,结合企业实际,稳妥地做好精简富余人员,分离办社会职能的工作。要依靠当地政府,并结合我国社会保障体系的建立,采取多种形式加快分离分流的步伐;四是建立科学的母子公司集团体制。要结合企业组织机构调整,企业要进一步减少管理层次,缩短管理链条,理顺内部关系,把母子公司链条控制在可以有效控制的范围之内。同时,国家要积极探索对重点大型企业集团国有资产授权经营的具体途径和方式,使集团公司在对所属二级企业进行重组改制时有较大的资产处置权。

组建和培育具有国际竞争力的大公司和企业集团,必须按照社会主义市场经济规律要求,充分发挥市场在资源配置中的基础性作用。要坚决防止搞行政干预,通过"拉郎配"的方式组建大公司、大企业集团的形象发生,要充分发挥企业主体的作用,以资本为纽带,打破条块和所有制的界限,通过市场来形成。政府主要职能是为培育和发展大公司大企业集团创造有利的环境。

二、采取有利措施,切实转换企业经营机制

企业是否真正成为市场主体,进而成为真正的创新主体,关键在于企业是否真正转换经营机制。虽然,经过多年的企业改革,国有企业在转换经营机制上取得了很大的进展,但是,从总体来看,我国国有企业的体制仍然不够顺利,经营机制还不能完全适应社会主义市场经济体制发展的需要,还不能适应国际竞争需要。换句话说,我国国有企业改革重点是扎扎实实地转换内部经营机制,建立起强有力的领导体制和优胜劣汰、自负盈亏的激励约束机制,真正成为自主经营的法人实体和市场主体。当前,我国应采取以下措施加快促进企业经营机制的转换。

一是进一步推进政企分开,落实企业自主权。要按照市场经济体制要求加大探索政企分开和落实企业自主经营权改革的力度。首先,就是实行政府所有者职能和社会行政管理职能分离,为企业转换经营机制创造条件。其次,适应市场经济体制要求,政府的社会行

政管理职能又要进一步分解,即行政管理职能和宏观经济管理调控分开。

二是积极推进劳动人事和社会保障制度改革。改革企业经营机制的目的在于提高企业在国际竞争中的活力,而企业活力的来源主要是广大职工的责任感和积极性的发挥。因此,要深化劳动人事和社会保障制度改革,为转换企业经营机制创造体制条件。主要内容是要按照适应市场经济体制要求,深化劳动体制改革,建立新的符合国际竞争需要的用工机制;改革企业人事制度,建立干部能上能下的运行机制;改革工资分配制度,建立新的市场化的激励和约束机制;改革企业领导体制,建立企业家队伍形成机制。

三是加快建立现代企业制度,加快实现企业制度创新。主要要抓好以下几方面工作:首先,要积极推动国有大中型企业的股份制改造,鼓励国有大中型企业通过规范上市、中外合资和相互参股等形式,实行股份制,转换经营机制。对关系国计民生和国家安全的重要企业,国家必须控股。其次,要健全企业法人治理结构。要依法建立董事会、监事会,明确股东大会、董事会、监事会和经理层各自的职责,做到各负其责、协调运转、有效制衡。特别是要建立和完善对国有企业的监管机制,充分发挥监事会的作用。再次,要进一步推进政企分开。要切实转换政府职能,减少行政性审批,充分发挥中介组织作用。要加快推进电力、铁路等行业管理体制改革,引入竞争机制,增强企业活力。最后,要积极探索国有资产管理的有效形式,这是深化企业改革、建立现代企业制度的难点和重点,要通过试点探索建立国有资产管理的具体有效方式。要认真总结经验,使国有资产出资人尽快到位,强化对国有资产经营主体的外部监督。

四是迎接世贸组织的挑战,进一步提高企业国际竞争能力。加入世贸组织,我国企业将在更大范围、更深程度上参与经济全球化进程,这既是难得的机遇,也是严峻的挑战。应对世贸组织带来的挑战,最关键的是要采取有效措施切实转变企业经营机制,提高企业综合素质和核心竞争力。我国主要应采取以下措施:首先,要根据不同行业特点和在国际竞争中的地位,引导企业进一步细化应对措施;其次,要深入研究开放分销领域对商业零售批发和工业生产的影响,抓紧提出对策措施;最后,要加大培训力度,指导和协调国内企业积极参与国外对我国出口产品的反倾销应诉,维护我国企业的合法权益。

与此同时,为适应经济全球化和我国加入世贸组织的需要,必须进一步扩大企业对外开放,更好地利用国内国际两种资源、两个市场,扩大我国企业在国际市场的生存空间:一是要努力提高利用外资的水平。鼓励外商特别是跨国公司参与国有企业改组改造。鼓励有条件的企业对外发行股票,积极采用收购、兼并、风险投资、投资基金等各种形式,促进利用外资和国有企业产权制度的改革。鼓励和促进中外中小企业之间的合作。二是要大力实施"走出去"发展战略。鼓励能够发挥我国比较优势的对外投资,扩大国际经济技术合作的领域、途径和方式。继续发展对外承包工程和劳务合作,鼓励有竞争优势的企业开展境外加工贸易,带动产品服务和技术出口。支持到境外合作开发国内短缺资源,促进国内产业结构调整和资源置换。鼓励企业利用国外智力资源,在境外设立研究开发机构和设计中心。支持有实力的企业跨国经营,实现国际化发展。进一步健全对境外投资的服务体系,在金融、保险、外汇、财税、人才、法律、信息服务、出入境管理等方面,为实施

第十一章 企业创新管理环境系统研究

"走出去"战略创造良好外部环境。

三、进一步加强企业科学管理

加强管理是企业做好一切工作的基础，对企业创新也不例外。因此，培育企业创新主体，促进企业创新发展必须大力加强新时期下的企业管理工作。主要需做好以下几方面工作。

（一）建立权责明确的领导体制，完善企业组织机构

1. 建立与社会主义市场经济体制相适应的企业领导体制和组织机构

企业领导体制因企业规模及资产构成不同而异。要贯彻权责一致原则，集中领导和民主管理相结合的原则，权威、精干、高效的原则。

建立现代企业制度是国有企业改革方向，其典型形态是现代公司制。按照《中华人民共和国公司法》规定，公司的所有者、经营者要通过建立权力机构、决策和管理机构、监督机构，形成各自独立、权责明确、相互协调、相互制衡的关系，并通过公司章程具体确立。从体制和机制上保证决策的科学化、民主化，提高决策的水平和效率，防止大的决策失误。

科学有效的公司组织机构必须通过严格的管理加以保证和实现。要选诚信勤勉、熟悉业务、有相应工作经验和决策能力的人任董事，董事可以是公司的股东代表，也可以从有实践经验的专家学者中选聘。董事长向股东会负责，总经理向董事会负责。董事长、总经理在公司中的法定位置不同，责任层次不同，一般而言，总经理不宜由董事长兼任。监事会对股东会负责。要挑选那些懂经营、善管理、会理财的人才参加监事会，真正发挥监事会应有的监督作用，防止权力的滥用。对国有企业和国有独资公司，要按照《监管条例》规定派出监事会。

2. 要充分发挥企业基层党组织的政治核心作用

发挥党组织在企业中的政治核心作用，是我国企业的优势所在，也是我国实行社会主义市场经济体制的重要体现。公司制企业党组织负责人可通过法定程序进入董事会、监事会或经理层，参与重大决策；具备条件的党员董事、经理、副经理和监事会主席，经过党组织的推荐和选举，可兼任党委职务。党组织的政治核心作用，主要通过教育和监督董事会、监事会和经理层中的党员在决策和管理中认真贯彻党的方针政策，按照国家法律、法规行使各自的职权来体现；通过领导工会、共青团组织围绕生产经营和有益职工身心健康积极开展丰富多采的活动来体现；通过发挥党支部的战斗堡垒作用和教育党员在各自岗位上发挥先锋模范作用来体现；通过做好思想政治工作，加强企业文化建设，调动和发挥广大职工积极性来体现。

3. 要全心全意依靠工人阶级办好企业

要根据《中华人民共和国民法典》等有关法律规定，从制度上保证职工参与企业的民主管理和民主监督。公司研究决定生产经营的重大问题、制定重要的规章制度，特别是有关职工切身利益的问题，应充分听取工会和职工代表的意见和建设。

（二）切实制定发展战略，实施战略管理

1. 要把战备管理放在企业管理的重要位置

企业战略对于企业的生存和发展具有全局性的重要意义。企业要在市场竞争中立于不

败之地，就必须树立战略致胜观念，搞好企业发展战略。企业特别是国有大中型企业的领导，要把很大精力集中于企业发展战略研究上，强化战略管理职能，把战略意图贯彻到企业经营活动的各个环节，增强企业抗御风险的能力，使其健康发展、常胜不衰。

2. 采取有力措施，实施战略管理，提高发展能力

企业既要制定符合国家经济发展规划和产业政策的总体发展战略，也要制定确保总体发展战略实现的市场营销、科技开发、资产经营、结构调整、人才开发等分战略，并对战略的研究、制定、实施、调整进行全过程的管理。

发展战略的制定要建立在可靠性研究的基础上。要加强战略研究，包括对国内外大环境、市场经济发展情况、社会资源配置和流动趋势的研究；对企业的发展领域和方向、专业化和多元化选择、产品结构调整、资本结构和筹措方式、规模和效益的优先次序，以及对科、工、贸、金的组合进行不断的研究。在此基础上制定本企业的发展战略。要加强战略实施的管理。企业发展战略的实现依赖于战略目标的层层分解，明确各个组织的目标责任，以各自目标的完成确保企业整体战略目标的实现。

根据市场变化，及时进行战略调整。大中型企业要建立跟踪监视市场变化的预警系统，对市场的变化趋势及时做出快速反应；通过战略调整，使企业的发展始终能够适应市场的要求，达到驾驭市场的目的。

（三）建立科学的管理体系

发达的市场经济中较为成功的大企业，都有一套适合自身经营战略和市场环境、生产条件的管理制度、组织机构及配套管理体系。例如，青岛海尔集团公司创立的以市场为中心的目标体系，以人为中心的激励机制，以"日清日高管理法"为核心的运作体系，就是一个较为成功的典型，对于保证企业经营战略的实现和经济效益的提高起了明显的保证作用。

（四）切实引导企业面向市场，加强市场营销管理

1. 充分认识市场营销是现代企业管理的首要环节

面向市场、适应市场是市场经济对企业的基本要求。企业必须树立新的市场营销观念，以显在、潜在的市场需求引导营销行为，以尽可能少的人力、物力、财力投入，以尽可能快的资金周转、获取尽可能好的企业经济效益、社会效益，最大限度地满足市场需求中达到企业良性发展的目的。

2. 强化营销管理

强化营销管理主要应采取以下措施：①加强市场研究与预测工作。既要研究显在的市场，也要研究潜在的市场，根据市场分析，搞好市场定位，选准目标市场，完善促销手段，满足消费者需求和引导消费，扩大市场占有份额。②加强营销网络的管理。建立稳定的客户网络，实现企业产品和服务的迅速转化。要选精兵强将上营销的"战场"，扩大销售工程师的数量，加强对销售人员的培养和管理，加强售后服务和重点跟踪，提高服务质量和企业信誉。③加强信息网络的管理。信息是企业的重要资源。要把销售网络变成信息渠道，开展市场信息的搜集、分析、应用和交流。要使信息在企业内的传递通畅、利用高

效。要借助于计算机等现代科技手段进行信息管理，提高预测分析的精度和速度。通过各种方式获取国际市场信息，积极参与国际市场竞争。

（五）加强质量管理，积极贯彻国际系列质量标准

1. 充分认识产品质量是企业的生命

要强化质量意识，树立"大质量"观念，采取有效措施，迅速扭转企业质量管理不严、产品质量不高、不良品损失严重、假冒伪劣商品屡禁不止的状况，把提高产品质量作为提高国民经济增长质量的一个突出问题认真抓好。每个企业都要制定企业质量方针目标，把质量管理同企业经营紧密结合起来，强化从产品开发到售后服务的全过程质量管理，为用户提供满意的产品和服务。要提高职工的质量意识和业务技能，确保产品质量和工作质量。要积极采用国际标准，坚持严格按标准组织生产。没有标准或达不到规定标准的产品，不准生产和销售。

2. 要继续深入推行全面质量管理

全面质量管理在我国已推行多年，积累了比较丰富的经验。推行全面质量管理与贯彻执行 ISO 9000 系列标准是一致的。要继续健全质量管理机构，深入开展群众性的 QC 活动，不断改进质量管理，推广应用科学的质量管理方法，大力推进计算机控制质量，持续地提高质量管理水平和质量保证能力。

3. 积极贯彻 GB/T 9000—ISO 9000 系列标准

ISO 9000 系列标准是国际通行的质量管理和质量保证标准，是国际贸易中需方要求供方提供质量保证的依据，也是产品进入国际市场的"通行证"。我国已将此标准等同转化为 GB/T 19000—ISO 9000 系列标准。各个企业都应创造条件积极贯彻。具有进出口权的大中型企业，基本上都要达到 ISO 9000 系列标准的要求，并通过国内或国际认证机构的认证。ISO 9000 系列标准是不断完善和发展的，企业取得认证后，还要继续完善保证体系，以符合新版标准的要求。

质量体系认证机构，要以高度负责精神，严格按照标准对申请的企业进行认证和对已认证企业进行定期复审，确保认证工作的质量；国家技术监督部门要加强对认证机构的检查和监督，杜绝一切不正之风和降低标准的行为。

（六）强化对企业的资金管理

资金紧张对企业来说将是长期的现象。造成当前企业资金紧张的原因主要有以下几个方面：①资金运营效率低下，拖欠严重，使用结构不合理，但也确有总量不足问题。②边生产、边积压导致资金沉滞，形成企业相互拖欠，进一步加剧了企业资金紧张状况。③企业消耗过高，资源浪费严重，造成资金浪费。

根据以上造成资金紧张的原因，相应地应采取措施，加强对企业资金的管理。①要想方设法开源节流，加强对资金的管理，从抓资金筹措、使用、运转的管理入手，统筹安排使用各项资金，优先满足企业生产经营资金需要，多搞技术改造，走投入少、产出多、质量好、消耗低、效益高的发展道路；要严格执行结算制度，认真实施"两则"，完善企业内部审计制度，形成有效的资金审计监督机制。②要按照"增畅、限平、停滞"的原则，

做好限产压库，加强货款回收，严肃资金结算纪律，采取各种措施，开展促销，盘活资金存量，加快资金周转，提高资金使用效率。③要加强企业的成本管理，减少不合理消耗，健全以节能降耗为主要内容的成本管理责任制，完善成本核算，杜绝浪费，提高投入产出比。

（七）加强基础管理工作，推进管理现代化

1. 要练好管理基础工作基本功

扎实有效的基础工作是实现管理科学的基础。所有企业都要在练好内功上下功夫。按照建立现代企业制度的要求，制定和完善企业管理制度和办法，充分体现改革的新内容，将改革的成果制度化、规范化。坚持高标准、严要求，建立健全包括技术质量标准、管理标准和工作标准在内的标准化体系。在科学测定的基础上，制定考核岗位工作充实度的劳动定额，有利于落实成本管理责任制的消耗定额等。切实加强班组管理，建立优化组合、竞争上岗、奖罚分明与民主管理相结合的班组管理制度，努力创造既能自觉严格管理，又能充分发挥每个职工才能的环境。

2. 要强化现场管理

应用系统论的方法对现场各生产要素实施优化管理，是企业实现优质、低耗、高效、文明生产的重要保证，对树立企业的良好形象具有重要意义。企业要整顿和改善现场秩序和作业环境，严格工艺纪律、劳动纪律，实行现场管理，达到环境整洁、纪律严明、设备完好、信息准确、安全生产的基本要求。运用现代管理方法和手段优化现场管理，形成科学的生产工艺流程，使人流、物流、信息流、资金流处于最佳结合状态。

3. 积极推进管理现代化

企业要在管理思想、组织、制度、方法和手段上积极推进管理现代化。管理现代化要贯穿生产经营的全过程，体现在各层次管理，要由单项方法的应用到多项方法配套的应用；由局部应用到全面综合应用，逐步提高企业管理的整体现代化水平。推进管理现代化的本质是管理创新。要从实际出发，在学习和借鉴国内外先进管理经验和继承我国行之有效管理办法的基础上进行管理创新。

广泛应用计算机是推进管理现代化的重要内容。"九五"期间，国有大中型企业要基本普及计算机管理。努力培训专门人才，提高计算机开发、应用水平、市场销售、预测分析、产品设计、生产准备、加工制造，直至产品发货、售后服务的整个生产经营全过程的信息，逐步应用计算机进行管理和控制，建立现代信息管理系统，参与全国及国际性的信息网络，以适应参与国际市场竞争的需要。

第四节　制定促进企业创新发展的政策系统

为确保企业创新管理的顺利和有效进行及企业创新网络系统的有效运行，国家应主动适应新形势，立足于国内外两个市场、两种资源，围绕经济结构调整和企业改革与发展总体目标，深入实施技术创新工程，加快以企业为中心的创新网络系统建设；要突出重点，分类指导，着力提高企业创新能力，增强竞争力，为我国企业创新发展奠定坚实的基础。

一、加快企业技术中心建设，培育企业核心竞争力

继续鼓励和支持企业完善技术中心建设。研究、鼓励和支持国家重点企业技术中心建设的政策。加强对国家重点企业技术中心建设的引导和支持，重点推动行业性集团公司加快技术中心组织建设和机制建设，优化科技资源配置。对已经建立技术中心的企业，要促使企业进一步深化技术中心建设的内涵，加快组织体系建设和运行机制建设，要围绕技术创新能力和核心能力培育、着力提高技术中心人员素质，培育企业高层次技术带头人。要采取措施鼓励企业加大技术中心的投入力度，使国家认定企业技术中心研究开发投入占销售收入的比例达到3%以上，新产品销售率平均达到40%。加快企业研究开发基础设施建设和关键技术的超前研究，使2/3的国家认定企业技术中心超前研究开发项目及资金比例达到20%以上，促使企业突出主营业务，占领技术制高点。加快研究和完善技术中心评价指标体系，做好企业技术中心的评价。总结技术中心建设的经验和方式，组织技术中心进行交流和专题培训。引导技术中心参与产业共性技术、平台技术的联合开发，促进国家重点企业的技术中心在产业技术升级方面发挥作用。大力推进企业专利工作的开展，选择50家试点企业，重点推动企业专利战略研究、专利信息利用、专利开发与保护等工作。

推动企业技术创新试点工作的逐步深入。研究试点企业参与国际竞争的有关政策，总结交流企业试点工作的经验，有针对性地引导和推动试点企业加快技术创新步伐，围绕培育核心技术，增强核心竞争力，发展成为国际化企业集团的目标，引导和支持企业加快技术创新战略研究，增强核心竞争力。促使试点企业技术开发投入达到3.5%，新产品销售率达到80%以上。促使企业形成若干核心技术，业务流程的重组与再造取得积极进展，明确企业的核心竞争力、培育方向及思路。指导和推动第二批试点企业制定技术创新战略及相关规划、措施。

二、加快面向企业，尤其是中小企业技术创新服务体系建设

加强和完善技术创新服务体系建设。按照统一规划、分步实施、规范运作的方针，引导技术创新服务中心将服务能力建设作为重点，利用社会资源，提高服务质量，拓展服务范围，加快区域性、专业性为中心的建设步伐，形成社会化、网络化的企业创新中介服务体系。重点推动一批企业需求面广、经济效益显著的共性技术的应用，如信息化、工业设计、柔性制造、快速成型等。发挥我国技术创新信息网的服务功能，加强信息交流，提高信息质量。加强高校和科研院所建立信息交换关系；完善企业难题、科研成果、专业人才、政策法规、新产品五个数据库。

三、加快行业的技术开发基地建设

按照《关于深化科技体制改革，建立面向行业的技术开发基地的意见》的总体部署，

在 2000 年已启动工作的基础上，国家应进一步促进多家大型企业按照市场化运作机制，形成开放式的技术基地。一是引导企业调整组织结构，建立以市场为导向，有利于自身发展和能够承担行业技术开发任务的运行机制；二是引导技术开发基地增强自身技术创新能力，加强技术集成能力，增强行业关键技术、共性技术和技术平台的开发能力及技术集成和装备能力；三是推动行业技术开发基地与行业重点企业和其他科技资源联合，开发一批行业共性、关键性、前沿性技术和国家重点建设所需的配套技术。探索建立行业、专业性企业技术中心的方式和方法。

四、继续实施"产学研联合开发工程"，深入推进产学研联合

推动企业与高等院校、科研院所以各种形式共建研发机构和产业化联合实体，研究和推广"442"等技术创新和体制创新结合模式。确定一批产学研联合示范点，总结推动产学研联合机制建设、联合攻关和科技成果产业化的经验和做法，促进产学研联合工作在重点行业中的重点企业取得明显成效。充分发挥产学研联合的整体优势，集中力量组织、跟踪一批产学研联合示范项目，探索产学研联合对行业和领域的重大关键技术联合公关的组织形式和运行机制。

推动社会力量以多种形式为企业创新服务，继续组织"企业技术创新院士行""千厂千会协作""青年职工创新创效"等活动，重点组织院士开展咨询、诊断工作。

五、组织国家重点技术创新项目，加快企业技术进步步伐和产业技术升级

围绕结构调整和产业升级，突出重点，组织落实重点行业的关键、共性技术开发，推动传统产业技术升级和高新技术产业化。重点技术创新项目的组织要围绕推动电子信息技术发展，带动传统产业的工业化和自动化。推动企业公共操作环境网络信息平台技术，提高企业连续生产过程自动化、控制智能化及管理信息化，提高企业的生产效率和产品质量及稳定性。

推动先进技术应用，提升装备制造业的水平，推动数控技术的平台开发，提升制造业水平，加强大型、成套装备共性技术的开发，以汽车零部件制造业为重点，推动先进制造技术的开发与应用。

以行业关键技术和重大关键产品的开发为重点，抓好引进技术消化吸收"一条龙"工程和已经启动的 32 个重大技术创新专项，开发一批对我国能源结构调整、资源与环境协调发展的重大关键与共性技术。开发油气资源勘探与开发、煤气化、液化和清洁燃料、节油、煤矿安全生产，低品位矿产资源开发利用技术。推进清洁生产技术及高新技术在轻工行业的应用和绿色新兴包装产品的开发，开发新兴差别化纤维。应用生物技术、基因工程技术开发新型药物制剂产品，重点发展现代中药制取和生产技术，推进企业开发新药品种，推进数字技术、网络技术及音视频技术和产品的开发应用。

围绕增加品种，提高质量，针对经济发展中急需的关键材料、重大关键技术，开发高精度薄板生产技术、稀有金属深加工技术、精细化工技术、纳米新材料应用技术、新型建

筑材料及高等级公路应用材料。

在涉及国家经济安全和国防安全等重要领域，根据国民经济发展需要，紧密结合国家重点建设和重大技改工程，抓紧做好国家重大技术装备工作，开展一批关键和成套设备研制项目立项、可研和批复，编制滚动计划，分批组织实施。

围绕西部大开发，推动西部高等级公路建设、现代化港口，以及航道整治成套技术及设备的开发和研究，实施智能化交通系统，开发和应用现代造船模式技术，城市污水、城市垃圾处理和资源化技术，加快水资源的保护和有效利用技术开发，加大环保领域重大关键技术和设备的工程化成套化开发。

加强对技术创新项目的管理及相关政策研究，充分发挥市场导向和专家咨询作用，把好前期论证中立项和项目评估两个环节，对重点项目和专项逐步建立招标制，加强项目全过程的管理和监督。对已经立项的重点技术创新专项，加快项目调研论证，并做好监督管理工作。对已经完成的技术创新项目，认真组织开展专题、课题和项目的鉴定验收。进一步完善项目管理体系，建立专家系统和项目资源系统，逐步形成规范、科学、合理的项目管理机制。

六、适应新形势，转变政府工作职能

要把握国际国内新的形势，加快转变政府职能，加强调查研究，深入分析加入世贸组织后对企业创新工作的影响，及时提出政策建议。

加强技术创新管理队伍建设，要加强政治理论和业务知识学习，发挥外部资源的作用，分批组织国内和国外技术创新培训工作，不断提高技术创新管理队伍素质。

参考文献

[1] 苏雪峰，李维玉，纪莉莉. 物业企业现代财务管理模式的构建［J］. 经济研究导刊. 2020，（12）.

[2] 纪莉莉. 加强企业文化建设提升企业竞争软实力［J］. 露天采矿技术. 2016，31（S1）.

[3] 纪莉莉. 加强企业基层组织建设 创新提升党建工作水平［J］. 东方企业文化. 2012，（18）.

[4] 纪莉莉. 智能化物业管理系统研究［J］. 佳木斯大学社会科学学报. 2007，（2）.

[5] 曾卓然，韩仁杰，任跃文. 企业管理效率、政府补贴与技术创新［J］. 统计与决策. 2021，37（2）.

[6] 王强. 企业经济发展与管理中存在的问题与完善——评《企业经济发展与管理创新研究》［J］. 广东财经大学学报. 2020，35（5）.

[7] 张振刚，沈鹤，李云健. 双向管理创新对企业技术创新投入与产出的影响［J］. 科技进步与对策. 2020，37（16）.

[8] 王茂祥，苏勇. 企业开放式创新的系统化管理及平台构建［J］. 科学管理研究. 2019，37（6）.

[9] 冉秋红，吴雅玲. 推动企业创新的管理控制系统：作用机理与基本框架［J］. 管理现代化. 2020，40（2）.

[10] 夏同水，王媛，邢超. 绿色管理对企业创新绩效的影响研究［J］. 中国科技论坛. 2020，（3）.

[11] 付清芬，谢伟，张娜娜. 企业管理创新采纳的动机、时机及过程［J］. 技术经济. 2019，38（3）.

[12] 丁雪辰，柳卸林. 大数据时代企业创新管理变革的分析框架［J］. 科研管理. 2018，39（12）.

[13] 陈洪安，刘俊红，张欣. 创新视角下企业管理的内涵重构——管理学定律的提出［J］. 华东理工大学学报（社会科学版）. 2018，33（5）.

[14] 彭丽华，罗东，李淑娴. 浅析科技企业创新型人才管理机制及改进策略［J］. 科技管理研究. 2018，38（15）.

[15] 杜建国，吴东静. 基于演化博弈的企业环境创新行为研究［J］. 科技管理研究. 2018，38（17）.